舘野泰一・高橋俊之［編著］

中原 淳［監修］

# リーダーシップ教育のフロンティア

高校生・大学生・社会人を成長させる
「**全員発揮のリーダーシップ**」

**研究編**

北大路書房

# 監修者からのご挨拶

　日本のリーダーシップ教育の「夜明け前」である。

　本書「リーダーシップ教育のフロンティア」は，立教大学経営学部において
リーダーシップ教育の推進に尽力してきた舘野泰一氏，高橋俊之氏が中心となっ
て編んだ日本で初の本格的なリーダーシップ教育論，リーダーシップ開発論で
ある。

　2018年，本書は「研究編」と「実践編」という2冊のシリーズで同時に刊行
される。著者には，先ほどの編者に加えて，シェアド・リーダーシップ研究の
第一人者である立教大学経営学部 石川淳氏，かつて立教大学のリーダーシップ
教育を立ち上げ，現在は早稲田大学で同教育を推進する日向野幹也氏，そして
筆者が名を連ねている。レイアウトや一部の原稿の構成には，広く大学教育を
取材し続けてきた小河原裕一氏が参画している。

　本書の冒頭における監修者の言葉として，本書が，なぜ「研究編」と「実践
編」という2分冊を採用したのか，その理由を簡単に付記しておきたい。それ
は，リーダーシップ教育論，リーダーシップ開発論といった領域が，「研究と実
践」「理論と実務」という2つの異なる領域を常に架橋しつつ，そこで得られた
経験や知見を「往還」しながら発展していくものと，本書の筆者らが強く信じ
ているからに他ならない。

　「研究編」を読み，いつの日か「実践編」を手にする日を待つ。
　「実践編」を読み，いつの日か「研究編」に目を通す日を願う。

　もちろん，最初は片方だけでもかまわない。興味をもった方，どちらからで
もお読みいただけるよう，本書は編まれている。
　しかし，「いつの日か」実現するであろう，このダイナミックな「往還運動」

こそが，リーダーシップ教育論・リーダーシップ開発論をさらに先鋭化させ，卓越したものにすると，私たちは信じている。実践を志す読者諸兄は，まず実践編を読み，いつの日か，研究を志す日を夢見てほしい。研究編を手にとった諸兄には，まずは研究編を読み，いつの日か，地に足のついた実践と格闘してほしい。

　筆者らは，このような思いを強く抱きしめ，本書を社会に提案する。

　本邦は資源を持たぬ国である。この国が有する数少ない資産は「優秀な人材」であり，彼ら／彼女らが発揮するリーダーシップに他ならない。本書がきっかけで，さらに多くの人々が，次世代のリーダーを育成することに挑戦してくれることを，願う。

　瑠璃色の空に，日の光が昇る。
　日本のリーダーシップ教育の「夜明け」である。

立教大学の蔦はうレンガキャンパスにて
監修者：中原　淳（立教大学経営学部教授）

# はじめに

舘野泰一

## 1 本書の概要

　本書「リーダーシップ教育のフロンティア」は近年の企業・大学・高校に関するリーダーシップ教育の実践と，それに関する研究知見を整理することで，今後のリーダーシップ教育の展望を示そうとするものである。

　本書におけるリーダーシップの定義は「職場やチームの目標を達成するために他のメンバーに及ぼす影響力」である。この定義をもとに，本書が主張するリーダーシップの主な特徴は以下にまとめられる。

- リーダーシップは「権限・役職」にかかわらず発揮できるものである
- リーダーシップは「学習可能」である
- リーダーシップは「全員が発揮」していた方が成果につながる

　これらは一般的にイメージするリーダーシップとは少し異なるかもしれない。一般的には「一部のリーダーに必要なもので，向き不向きがあり，全員がリーダーシップを発揮しようとするとチームが混乱してしまうのでは」というイメージの方が近いのではないか。本書は，こうした新しいリーダーシップの考え方について，最新の研究知見をもとに整理していく。

　本書の最大の特徴は「リーダーシップ教育をいかにおこなうか」について，研究・実践の両面からアプローチしている点である。とりわけ，リーダーシップ教育を「効果的なリーダーシップを発揮するために，個人の能力・資質・行動の向上を目指すこと」と定義し，その背景の理論および，具体的な設計の手法

について詳細に述べることを企図する。

　本書（シリーズ）は「研究編」「実践編」の2つに分かれている。

　研究編では，最新のリーダーシップの理論について整理し，今後のリーダーシップ教育を考えるための概念的な枠組みを示し，それをもとに具体的な事例について効果検証をおこなうことを目的としている。研究編を読むことで「最新の研究ではリーダーシップはどのように捉えられているのか」「リーダーシップを教育するための理論的背景とはどのようなものなのか」「実際のリーダーシップ教育ではどのような効果が得られているのか」などを理解することができる。実践編における事例も，研究編の枠組みをもとに作られているため，「なぜそのような枠組みになるのか」などを深く理解することができる。ただし，研究編では，具体的な設計の手法や，細かな実践の工夫までは説明できていない。

　この課題に挑戦するのが実践編である。実践編では，研究編で示した枠組みをもとにしながら，実際に現場でリーダーシップ教育をおこなううえで，どのような点に留意してデザインすればよいのかにフォーカスしている。実践編を読むことで「リーダーシップ教育を具体的にどのように設計すればよいのか」「どのような工夫が必要なのか」などを理解することができる。ただし，「なぜその手法が効果的であるのか」などの背景理論は，研究編で多くを説明しているため，実践編では最低限の説明にとどめている。

　つまり，両書を合わせて読むことで，「なぜいま新しいリーダーシップが求められているのか」「最新の研究ではリーダーシップがどのように捉えられているのか」「リーダーシップ教育では具体的に何をどのようにデザインすればよいのか」について，包括的に理解することができるよう構成されている。


## 2 なぜいまリーダーシップなのか

　本書（研究編・実践編）は，主に大学におけるリーダーシップ教育に焦点を当てている。しかし，企業・高校に関する研究や事例もあわせて取り上げている。その理由は，リーダーシップ教育は，大学だけの問題ではなく，その先の企業の変化が求められるひとつの背景となること，そして，リーダーシップ教育は大

学に限らず，より早く，より多くの人に求められているものだからである。

近年の企業を巡る環境は日に日に厳しくなっている。環境がめまぐるしく変化する中で，その変化に対応し，新たなイノベーションを起こす必要性が高まっている。また，企業間の競争が激化することで，新入社員に対しても「一から育成する」のではなく「即戦力」を求める傾向がより高まっている。

リーダーシップ教育の必要性は，この2つの変化に密接にかかわっている。企業がめまぐるしく変わる環境に対応するためには，トップやマネージャーの指示を待ち，それに従って動くという形式では，もはや対応することが難しくなってきている。また，変化に対応することもままならない状況では，新たな変化を「生み出す」のは，とうてい難しい。このような状況を打破するために，企業は徐々に，リーダーシップを早期に育成し，リーダーシップ開発をおこなう対象を拡大しつつある。

リーダーシップの早期育成・対象の拡大の傾向は，企業内だけでなく，大学教育にも影響を与えている。先ほど述べたとおり，企業では育成を一からおこなうのではなく，即戦力を求める傾向は高まっている。そこで，一部の実践家は，徐々に「大学時代の経験」に着目しつつある。入社後に「一からリーダーシップについて教える」のではなく，大学時代に「リーダーシップに関する経験」をしているかに注目しつつある。

こうした動きとリンクするように，近年の大学は教育改革が進んでいる。その改革によって，一斉講義が支配していた伝統的な大学の姿は変わりつつある。大学の授業に，PBL (Project-Based Learning) やインターンシップなどの教育方法が取り入れられるようになった。また，大学教育の学習成果を把握しようというアウトカム評価に関する注目度も高まっており，リーダーシップは「学士力」(中央教育審議会 2008) や「社会人基礎力」(経済産業省 2006) などでも言及されている。このように，企業をめぐる環境の変化と共に，大学におけるリーダーシップ教育の重要性も日に日に高まっているのである。

もちろん，大学におけるリーダーシップ教育は，企業での活躍のみを念頭においたものではない (詳細は第2章で述べる)。大学におけるリーダーシップ教育の先進国であるアメリカでは，リーダーシップ教育をするうえで「倫理性・市民性」を非常に重視している。リーダーシップは，ビジネス的な成功を収めるた

めに必要なものではなく、「社会をよりよくする」という視点が重視されている。こうした視点は日本の大学におけるリーダーシップ教育をおこなううえでも忘れてはいけない視点である。以上が、企業・大学におけるリーダーシップ教育の関連性である。

　もう1つの視点が、高校・大学におけるリーダーシップ教育の関連性についてである。大学におけるアクティブ・ラーニングの議論に続くように、近年高校においても教育改革がおこなわれてきている。これまでおこなわれてきた基礎的な知識の習得・定着に加え、知識を活用するための思考力・判断力・表現力などの育成、さらに、学習に対して主体性を持ち、協働して学ぶ態度の育成などが求められる状況にある（文部科学省 2015）。ここで求められている「主体性」「協働性」などの態度は、リーダーシップと密接にかかわるものである。こうした視点に着目し、高校教育の先進的な実践家は、リーダーシップ教育を「教科教育」や「部活での指導」「高校でのキャリア教育」の中に取り入れている。このように、リーダーシップ教育は、大学のみならず高校教育にまで広がりつつあるのである。

　以上示してきた通り、リーダーシップ教育は、企業・大学・高校それぞれの変化と対応を考えるうえで、共通してキーとなる重要なものであることがわかる。近年の教育改革は、それぞれのセクションごとに検討するレベルのものではなく、企業と教育機関、そして教育機関内でも大学と高校など、セクションを超えた大きなうねりの中で検討するべきものとなりつつある。その中でリーダーシップ教育は中核となりえるものだといえる。このリーダーシップ教育についての大きな枠組みについて研究・実践の両面からアプローチするのが本書の目的である。


## 3 リーダーシップに関する研究の枠組み

　研究編では、大学におけるリーダーシップ教育について特に研究面からアプローチする。しかし、その研究の枠組みを示すことはけっして容易なことではない。大学におけるリーダーシップ教育の枠組みを検討するためには、大きく

2つの断絶を乗り越える必要がある。

　1つ目は「企業」と「大学」という断絶である。第1章で詳細は述べるが，リーダーシップ研究はこれまで企業を前提に研究がおこなわれてきた。よって，企業と大学という双方の文脈の共通点・差異点に着目しながら，大学におけるリーダーシップ教育の枠組みについて示す必要がある。

　2つ目は「リーダーシップ研究」と「リーダーシップ開発 (教育) 研究」[※1]の間にある断絶である。リーダーシップ研究 (リーダーシップという現象を明らかにするもの) と，リーダーシップ開発研究 (リーダーシップを開発しようとするもの) は，それぞれ独自に発展しており，お互いの研究知見が相互に体系づけられているとは言いがたい状況にある。その理由は，

　①初期のリーダーシップ研究がリーダーシップの「特性・資質」に着目していた
　　ため「育成」という視点を持っていなかったこと
　②リーダーシップ開発ではその要因が複雑で研究化するのが困難であったこと

などがあげられる。

　以上示したように，大学におけるリーダーシップ教育の枠組みについて示すためには，企業におけるリーダーシップ研究・リーダーシップ開発 (教育) 研究の双方についてレビューをおこなう必要がある。そのうえで，大学におけるリーダーシップ教育の先進国であるアメリカの事例を参考にしつつ，日本の大学の状況にあった枠組みを示す必要がある。これらについては，本書の第1部 (リーダーシップ教育の理論) で詳細を示すが，ここでは概要のみ説明する。

　本書では，リーダーシップを「影響力」と捉え，効果的なリーダーシップ行動をとるためには，「リーダーシップの基礎理解」「倫理性・市民性」「自己理解」「専門知識・スキル」の4つが必要という枠組みを構築した (**図1**)。

---

※1　本書では，大学におけるリーダーシップに関する実践を「リーダーシップ教育」と呼び，企業における実践を「リーダーシップ開発」と呼ぶ。一般的に，企業における実践はLeadership developmentに対応して「リーダーシップ開発」と呼ばれ，研究においてもこちらの名称が使われている。よって，企業における先行研究などに言及する場合には，リーダーシップ開発と呼ぶ。

### 本研究におけるリーダーシップの定義

「職場やチームの目標を達成するために他のメンバーに及ぼす影響力」
(石川 第1章)

### 本研究におけるリーダーシップ教育の定義

「効果的なリーダーシップを発揮するために，個人の能力・資質・行動の向上を目指すこと」
(舘野 第2章)

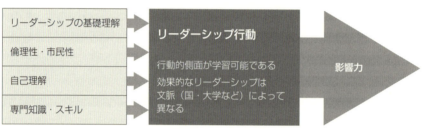

図1 リーダーシップの概念

図2 本書におけるリーダーシップ教育の手法について

そのうえで，大学におけるリーダーシップ教育の枠組みとして，経験をもとに学ぶアプローチである「経験学習型」と，知識・スキルをもとに学ぶアプローチである「知識・スキル型」の2つに分類した（**図2**）。経験学習型は，その名の通り，経験学習論を背景にした手法であり，PBLなどが当てはまる（経験学習については第2章で詳細について述べる）。授業は「経験」と「内省（振り返り）」から構成される。「経験」のフェーズでは，企業や地域の課題についてグループで問題解決をおこなうなどの方法が一般的である。「内省」では，グループでおこなったリーダーシップ行動に対して相互にフィードバックをおこない，その内容をもとに自分のリーダーシップ行動について検討する。また，行動面だけでなく，自分のリーダーシップの持論（よいリーダーシップとは何か）を更新する。一般的なPBLとの違いは，リーダーシップ面に着目した「内省」を必ずおこなう点である。プロジェクトのアウトプットの質を高めることは重要であるが，それはあくまでリーダーシップを伸ばすための手段といえる。この点がリーダーシップ教育の特徴である。

「知識・スキル型」は，リーダーシップの直接的な経験を伴う必要がなく，現場とは異なる場所で知識・スキルのトレーニングをおこなう手法である。リーダーシップを学ぶうえで，経験は重要であるが，経験だけでは学びにくいものもある。効果的なリーダーシップ行動をおこなううえで重要な「リーダーシップの基礎理解」「倫理性・市民性」「自己理解」「専門知識・スキル」という4つの要素を個別にトレーニングすることを想定している。この2つのアプローチは相互補完的なものであり，いずれかが効果的であるとするものではない。リーダーシップ教育についてカリキュラム面でアプローチする際には，両者は必ず必要であり，これらをどのように配置するかが重要になる。本章では，この2つに関連する事例を取り上げ，具体的なプログラムの設計方法と，その効果について検討をおこなった。

最後に，本書ではリーダーシップ教育において「授業（プログラム）をどう設計するか」という側面だけでなく，「リーダーシップ教育をおこなう組織をどのように運営するか」についても論じている。これを取り上げる理由は，実際に授業を運営するためには，プログラムだけでなく組織設計が重要になるからである。そして，これは「教え手のリーダーシップ」にかかわる問題といえる。

本書で紹介する経験学習型の事例をみればわかるが，経験を通してリーダーシップを学ぶプログラムを運営するには非常に大きなコストがかかる。たとえば，受講生一人ひとりのリーダーシップの特徴を捉え，フィードバックをするためには，教員1人では難しく，SA（Student Assistant）などの学生スタッフの協力が不可欠である。また，企業や地域と連携するケースも多いため，大学職員の力を借りたり，学校以外のステークホルダーとも協力関係を構築したりする必要がある。さらに，事例で紹介する立教大学のように，リーダーシップ教育を必修で展開しようとすると，複数クラスでの同時開講の形式となるため，教員間の連携も必須となる。つまり，リーダーシップ教育をおこなうためには，プログラムの設計だけでなく，「教え手のリーダーシップ」が鍵となる。これは不思議なことではない。リーダーシップの教育者は，授業やプログラム内において，教育者という役割を持つだけでなく，そのコミュニティの1人の成員でもある。よって，「リーダーシップを教えるあなたは，リーダーシップを発揮しているのか」は常に問われ続けるのである。

　このように，リーダーシップ教育は，受講者が「経験学習型」で学ぶのと同様に，その授業を作るという経験を通してリーダーシップを涵養するというメタ構造を持っている。本書は，このメタ構造に着目し，リーダーシップ教育のプログラム面だけでなく，授業を運営する組織の体制について事例を紹介する。


## 4 本書の構成

　本書の構成について述べる。本書は3部構成である。第1部は「リーダーシップ教育の理論」である。企業・大学に関するリーダーシップの理論を整理し，本研究におけるリーダーシップ教育の概念的な枠組みを示すことが目的である。

　石川淳による第1章では，近年の企業におけるリーダーシップ研究を概観し，リーダーシップ教育に必要な要素を抽出することを目的とした。近年のリーダーシップ研究では，リーダーシップを一部の「権限・役職」を持つものが発揮するものではなく，全員が発揮でき，そうすることが組織の成果につながるといった知見が導出されつつある。第1章では，こうした最新のリーダーシップ研究

をレビューすることで，リーダーシップ教育において何を伸ばすのかということについて検討をおこなった。

舘野泰一による第2章では，企業におけるリーダーシップ開発に関する研究を概観し，大学におけるリーダーシップ教育の具体的な枠組みを示した。最初に第1章の内容を受けて，本書におけるリーダーシップ教育の教育目標について整理した。次に，企業のリーダーシップ開発に関する研究を整理したうえで，大学におけるリーダーシップ教育の方法に関する枠組を提示した。

第2部は「リーダーシップ教育の事例研究」である。第1部の枠組みをもとに，具体的なリーダーシップ教育の事例について，プログラムの設計の詳細や，実際にどのような効果が出たのかという効果検証の結果について報告した。

舘野泰一による第3章では，大学におけるリーダーシップ教育の事例として，立教大学経営学部BLP（Business Leadership Program）を紹介し，その中の1つである1年生を対象にした「リーダーシップ入門（BL0）」の効果検証の結果について報告した。BL0は，経験学習型のアプローチを採用した授業で，具体的には産学連携のPBL（Project-Based Learning）を取り入れている。経営学部の1年生約400名が18クラスに分かれて，企業の出したプロジェクト課題に取り組むことを通して，リーダーシップを身につけようとするものである。この授業のリーダーシップ行動に対する効果検証と，実際にどのように授業運営チームを構築しているのかという事例について報告した。

中原淳による第4章では，企業におけるリーダーシップ研修の事例を取り上げ，その効果検証について報告した。現在企業でおこなわれる最新の事例について検討することは，大学におけるリーダーシップ教育の枠組みを検討する思考の補助線となりうる。具体的には，異業種民間企業5社による「地域課題解決研修」の事例を取り上げる。この事例では，異業種民間企業5社の次世代リーダー候補が，北海道の美瑛町の地域課題を解決することを通して，リーダーシップ開発をしようとする試みである。この事例の詳細と効果検証の結果を通して，今後の大学におけるリーダーシップ教育について考える素材としたい。

第3部は「リーダーシップ教育の展望」である。ここでは，今後のリーダーシップ教育の展開をテーマに，より萌芽的な実践について取り上げ，具体的にどのようにリーダーシップ教育を広げていくのかという点について検討をおこ

なった。

　日向野幹也による第5章では，大学のリーダーシップ教育の展開として，早稲田大学の事例をもとに，リーダーシップ教育をどのように導入しているのかについて，プログラムの視点，そして，組織へのアプローチの視点という2つから述べるものである。新たにリーダーシップ教育を取りいれようと試みたときに，大学の学生による違いはどのようなところにでてくるのか，プログラムを意義あるものにするためにどのような組織体制を築けばよいのかについて，現在まさに進行中の事例を報告している。

　舘野泰一・高橋俊之による第6章では，高校におけるリーダーシップ教育の展開について述べている。近年の高校教育改革により，高校の中でもリーダーシップ教育は少しずつ取り入れられつつある。第6章では，最初に舘野が，高校生を対象にした「リーダーシップの導入ワークショップ」の実践と評価について報告した。高校生約100名を対象に90分で，リーダーシップの基礎理解を高めるものであった。次に高橋が，埼玉の中高一貫校である淑徳与野高等学校にリーダーシップ教育を取り入れた事例について報告した。高校にリーダーシップ教育を取り入れるためには具体的にどのようなステップが必要なのかについて検討した。


## 5 まとめ

　本書は，リーダーシップ教育について，企業・大学双方の研究知見を整理したうえで枠組みを示し，具体的な事例からリーダーシップ教育の効果検証をおこない，今後の展望について検討するものである。上述した通り，大学のリーダーシップ教育について研究的な枠組みを示すためには，いくつかの断絶を乗り越えなくてはならない。本書では，断絶があることを受け入れたうえで，日本におけるリーダーシップ教育の枠組みについて提案する。本書で示す枠組みは未熟な部分も多いが，現在の日本では，リーダーシップ教育の研究的な枠組みを明確に示したうえで，実践での効果を検証した研究はまだまだ少なく，大きな意義があると思われる。本書の議論を通じて，「リーダーシップ教育論」と

いう新たな研究の地平を切り開くのが本書の目的である。

## 参考文献

中央教育審議会（2008）学士課程教育の構築に向けて（答申）. (Retrieved January 28, 2017, from http://www.mext.go.jp/b_menu/shingi/chukyo/chukyo0/toushin/1217067.htm).

経済産業省（2006）社会人基礎力. (Retrieved January 28, 2017, from http://www.meti.go.jp/policy/kisoryoku/).

文部科学省（2015）教育課程企画特別部会における論点整理について（報告）. (Retrieved February 3, 2017, from http://www.mext.go.jp/b_menu/shingi/chukyo/chukyo3/053/sonota/1361117.htm).

Contents

**監修者からのご挨拶**　3　　　　　　　　　　　　　　　　　　中原 淳

**はじめに**　5　　　　　　　　　　　　　　　　　　　　　　　舘野泰一

　1　本書の概要　5

　2　なぜいまリーダーシップなのか　6

　3　リーダーシップに関する研究の枠組み　8

　4　本書の構成　12

　5　まとめ　14


## 第1部　リーダーシップ教育の理論

## 第1章　リーダーシップ研究の最前線
リーダーシップ教育の理論的検討　24　　　　　　　　　　　　　石川 淳

**1 リーダーシップとは?**　24

　1.1 リーダーシップの定義　25

　1.2 リーダーシップと権限　28

　1.3 リーダーシップとマネジメント　30

**2 リーダーシップ研究の流れ**　31

　2.1 特性アプローチ　32

　2.2 行動アプローチ　33

　2.3 コンティンジェンシー・アプローチ　36

　2.4 変革型アプローチ　38

**3 リーダーシップ研究の新しい動き**　41

　3.1 倫理性の重視：サーバント・リーダーシップ　41

　3.2 自己認識の重視：オーセンティック・リーダーシップ　43

　3.3 メンバーによるリーダーシップの重視：シェアド・リーダーシップ　44

**4 今後の課題** 46

## 第2章　リーダーシップ教育の理論と設計 53　　　舘野泰一

**1 大学でリーダーシップ教育が求められる背景** 54
**2 リーダーシップ教育とは** 56
　2.1 リーダーシップ教育の定義 56
　2.2 本書におけるリーダーシップ教育の教育目標 57
　2.3 本節のまとめ 64
**3 リーダーシップ教育の手法と背景理論** 64
　3.1 リーダーシップ教育の枠組み 64
　3.2 経験学習とは 67
　3.3 リーダーシップ開発と経験学習 70
　3.4 経験学習型アプローチによるリーダーシップ教育 73
　3.5 本節のまとめ 75
**4 本書の研究事例の位置づけ** 76

## 第2部　リーダーシップ教育の事例研究

## 第3章　大学におけるリーダーシップ教育の事例 82　　　舘野泰一

**1 はじめに** 83
　1.1 社会背景 83
　1.2 大学におけるリーダーシップ教育 84
**2 立教大学経営学部BLPの事例** 85
　2.1 BLPのカリキュラム 85
　2.2 BL0の概要 87
　2.3 BL0の効果検証 94
　　2.3.1 調査概要 94

Contents

2.3.2 調査の結果　94

2.3.3 調査結果の研究的意義　97

2.3.4 調査結果の実践的意義　99

**3 BLPの授業運営**　100

3.1 リーダーシップ教育をおこなう側のリーダーシップ　100

3.2 学生スタッフの活用　103

**4 まとめ**　106

column　GLPとは　109

第4章　**企業におけるリーダーシップ開発研修の効果**
異業種民間企業5社による
「地域課題解決研修」を事例として　113　　　　中原 淳

**1 企業におけるリーダーシップ開発**　114

**2 地域課題解決研修**　116

2.1 研修の概要　116

2.2 研修目的とカリキュラム　118

**3 地域課題解決研修の評価**　122

3.1 評価のデータ　122

**4 総括**　125

第3部　**リーダーシップ教育の展望**

第5章　**早稲田大学でのリーダーシップ教育**　130　　日向野幹也

**1 早稲田大学でリーダーシップ教育が必要になった背景**　131

**2 早稲田大学でのリーダーシップ教育の導入**　131

2.1 設計（第1巡）　131

2.2 実施と結果（第1巡）　134

19

2.3 第1巡についての考察 135

2.4 設計（第2巡） 136

## 3 LDP授業の詳細 140

3.1 リーダーシップの基礎理解 141

3.2 自己理解 141

3.3 専門知識・スキル 141

3.4 市民性 142

## 4 どのように授業づくりの運営体制（組織文化づくり）をしているか 142

4.1 トライアル 142

4.2 職員の協力を得る 143

4.3 教員のリクルーティングと組織化 144

4.4 ゼミにしてゼミにあらざる「他者のリーダーシップ開発」 144

4.5 資金調達 146

4.6 大学イントラプレナーシップと教員のリーダーシップ 147

## 5 今後の課題と展望 148

# 第6章 高校におけるリーダーシップ教育 149　舘野泰一・髙橋俊之

## 1 高校教育を取り巻く環境の変化 150

## 2 リーダーシップを学ぶ導入ワークショップ 153

2.1 ワークショップの狙い 153

2.2 ワークショップの設計指針 155

2.3 開発したワークショップ 156

2.4 評価 159

2.4.1 評価の目的 159

2.4.2 リーダーシップの理解について 160

2.4.3 設計指針の評価 164

2.5 考察 165

## 3 中高一貫校にリーダーシップ教育を導入した事例
（淑徳与野中学・高等学校） 166

3.1 淑徳与野のリーダーシップ教育　167

3.1.1　淑徳与野のリーダーシップ教育概観　167

3.1.2　リーダーシップ教育が本格化したきっかけ　169

3.2 リーダーシップ教育導入ステップの例——「インパクト体験棚卸し」　170

3.2.1　「インパクト体験棚卸し」とリーダーシップ教育との関係　170

3.2.2　「インパクト体験棚卸し」の実施方法　172

3.2.3　淑徳与野での実施方法——Step by Stepで進める　174

3.2.4　成果　177

3.2.5　今後の展開　180

3.3 まとめ　181

**4 本章のまとめ**　182

# 第7章　総括と今後の課題　185

舘野泰一

**1 各部の総括**　185

**2 リーダーシップ教育の社会的意義**　190

**3 今後のリーダーシップ教育**　192

3.1 研究面での展望　192

3.2 実践面での展望　196

**4 まとめ**　197

**あとがき**　199

舘野泰一

21

# 第1部
## リーダーシップ教育の理論

*Research on the latest Leadership Education*

# リーダーシップ研究の最前線

第1章

## リーダーシップ教育の理論的検討

石川 淳

　リーダーシップの研究をレビューすることは，リーダーシップの開発を検討するために重要である。リーダーシップそのものに対する研究は，そこで見いだされた有効なリーダーシップをいかに開発するか，という話と不可分だからである。リーダーシップ研究側から見ると，研究によって見いだされたリーダーシップを絵に描いた餅に終わらせないためには，それを育成・開発にどのように結び付けるのかは重要な課題である。一方，リーダーシップ開発研究側から見ると，リーダーシップ研究での知見をもとに開発方法を検討することは，開発されたリーダーシップの有効性を保証する意味で重要である。

　そこで，本章では，これまでのリーダーシップ研究をレビューすることで，そこで見いだされた知見や課題を洗い出すこととする。そこで洗い出された知見や課題を，今後のリーダーシップ開発の研究を進めるための検討材料にするためである。

## 1 リーダーシップとは?

　リーダーシップに対する考え方は，研究者によって様々である。リーダーシップの定義でさえ，研究者の数だけ存在すると言われるほどである (Yukl 2013)。

しかし，リーダーシップに対する定義や視点がバラバラのまま論を進めると，議論がかみ合わなかったり堂々巡りになったりしてしまい，生産的な議論につながらない。そこで，以下では，本書でのリーダーシップの定義や視点を明確化することで，それ以降の議論が建設的におこなわれるためのベースを提供する。

## 1.1 リーダーシップの定義

「リーダーシップ」という概念は，日常の会話の中にもよく登場し，日常用語として用いられている。しかし，人によって，リーダーシップのとらえ方は様々であり曖昧であったりする。「リーダーシップとは何？」と問われると答えはバラバラで，人によっては答えに窮してしまったりする場合もある。

研究では，定義がなされたうえで用いられるので，曖昧と言うことは無いが，定義が研究者によって異なる，という面では同様である。たとえばヤックル（Yukl 2013）は，8つの代表的な研究者による異なる定義を示している（**表1-1**）。

**表1-1 リーダーシップの代表的な定義**

| | 定義 | 論者 |
|---|---|---|
| 1 | グループの活動を共有された目標に向ける行動 | Hemphill & Coons 1957 |
| 2 | 通常の指示・命令を超えた影響力 | Katz & Kahn 1978 |
| 3 | グループの活動を目標達成に向ける影響のプロセス | Rauch & Behling 1984 |
| 4 | ビジョンを明確化し，その価値を具体的に示し，それを達成できる環境を創造すること | Richards & Engle 1986 |
| 5 | 努力を結集すべき目的を示し，目的達成に努力を惜しまないように仕向けるプロセス | Jacobs & Jaques 1990 |
| 6 | より適応力が高い革新的な変化のプロセスを始めるために，既存の文化を脱却する能力 | Schein 1992 |
| 7 | 理解しコミットできるように，人々が共におこなっていることに意義を持たせるプロセス | Drath & Palus 1994 |
| 8 | 他者が，組織の有効性や成功に貢献するように影響を及ぼし，動機づける能力 | House, et al. 1999 |

ヤックル（2013）を元に筆者が作成

表1-2 リーダーシップの定義の変遷

| | 理論 |
|---|---|
| 1900〜1920年代 | 支配するためにコントロールや権力の集中化が強調される |
| 1930年代 | 支配より影響力に焦点が移ると同時に，リーダーシップを発揮する人の特性が注目される |
| 1940年代 | グループ・アプローチが最前線になることに伴い，グループの活動を方向づけるリーダーの行動が重視される |
| 1950年代 | 以下の3つが着目される<br>・リーダーは，グループ内でいかに振る舞うか<br>・リーダーは，共通の目標をいかに作り上げるか<br>・リーダーは，グループの有効性をいかに高めるか |
| 1960年代 | リーダーシップは，人々を共有された目標に向けて影響を及ぼす行動であるという点が，研究者間で共通に認識される |
| 1970年代 | グループや組織の目標を達成するために，グループや組織を導いたり維持したりすることがリーダーシップとして捉えられるようになる |
| 1980年代 | 多くの研究がおこなわれ，様々な定義が主張される。多くは，以下のいずれかに焦点を当てている<br>・リーダーの希望通りにフォロワーの行動を促すこと<br>・リーダーによる影響力<br>・リーダーの特性<br>・リーダーによる変革 |
| 21世紀 | 共通の目標達成に向け，リーダーがメンバーに影響を及ぼすプロセスに焦点が当てられるようになる |

ノートハウス（2016）を元に筆者が作成

　また，ノートハウス（Northouse 2016）は，1900年頃から21世紀まで，リーダーシップの定義がどのように変遷しているかをレビューしている（**表1-2**）。

　このように，リーダーシップの定義は研究者によって様々であるが，一方で共通点もある。ノートハウス（2016）のレビューによると，多くのリーダーシップの定義には，以下の4つの概念が含まれている。影響，グループ内，共通の目標，プロセスの4つである（**表1-3**）。

　この中で論点になるのは，リーダーシップがプロセスかどうか，という点であろう。リーダーシップが影響であり，グループ内に及ぼすものであり，共通の目標に向けたものであることには異論が無いと思われるからである。

　リーダーシップをプロセスと捉える以外には，行動や役割，資質，能力などと捉える定義が見られる。これらを大別すると，役割と捉える流れとプロセス

第1章　リーダーシップ研究の最前線

表1-3 リーダーシップの4つの概念

| 4つの概念 | 説明 |
|---|---|
| 影響 | リーダーシップの必要条件であり，フォロワーに影響を及ぼさなければ，リーダーシップは存在しないことになる |
| グループ内 | リーダーシップは，グループ（組織を含む）内で生じるものである |
| 共通の目標 | 共通の目標を設定することもリーダーシップの重要な一部である |
| プロセス | リーダーシップは，リーダーの個性や特性ではなく，リーダーとフォロワーの間に生じる相互作用である |

ノートハウス（2016）を元に筆者が作成

と捉える流れがある。前者は，リーダーシップを，リーダー個人が果たすべき機能に焦点を当て，リーダーの役割や行動に着目しているのに対して，後者は，リーダーの影響をフォロワーや他の要因との相互作用の中で捉えようとしている。

　本書では，リーダーシップをプロセスと捉えることとする。なぜなら，リーダーシップの効果を考えた時，リーダー個人の機能に焦点を当てるだけでは十分ではないからである。フォロワーや環境との相互作用も効果に影響を及ぼすため，リーダーシップを広く捉える必要があるのである。

　ただし，本書では，プロセスではなく，影響力という概念を用いる。なぜなら，日本語で"プロセス"という概念を用いる時，"過程"という意味合いが強くなるからである。英語で"プロセス"という概念を用いるのは，過程という意味合いを強調したいのではなく，様々な要因が効果に影響を及ぼすことを強調したいからである。"影響力"という概念も，その効果に様々な要因を排除する概念ではない。また，日本語で"リーダーシップを発揮"といったとき，プロセスよりも影響力の方が，言葉として適合すると考えられる。

　以上を踏まえて，本書では，リーダーシップを"職場やチームの目標を達成するために他のメンバーに及ぼす影響力"と定義する。この定義は，ノートハウス（2016）の指摘とも整合する。また，実務的にも大きな違和感がないと思われる。職場において，「あの人はリーダーシップを発揮している」と言えば，影響力を発揮していることを表すであろうし，「あの人にはリーダーシップが無いね」と言えば，影響力が無いか，もしくは，効果的な影響力を発揮していない

27

ことを表すであろう。


## 1.2 リーダーシップと権限

　実務家とリーダーシップ教育の話でよくある齟齬の1つが，リーダーシップと権限の関係である。実務家の多くは，リーダーシップは権限に依存していると考えている。このため，相応の権限を持たない人がリーダーシップを発揮する，という考え方に違和感を覚える。そもそも，権限がない人がリーダーシップを発揮することなどできないと考えるし，リーダーシップ教育は，権限を持つようになってからおこなえばよいと考える。

　しかし，リーダーシップの定義"職場やチームの目標を達成するために他のメンバーに及ぼす影響力"を思い起こせば，必ずしも権限が付随していなくても発揮することができることに気づく。実際に，職場の会議において，何も権限を持たない平社員が，上司や先輩が知らない情報や何気ないアイデアに関する発言をすることもある。そのような発言が，会議の意思決定に影響を及ぼすことができれば，当該社員はリーダーシップを発揮していることになる。つまり，リーダーシップを"影響力"と考えれば，必ずしも権限に依存しなくても発揮することができる。

　リーダーシップを影響力と考えた時，その影響力をなぜ，発揮することができるのであろうか，という点についてフレンチとレイヴン (French & Raven 1959) は，興味深い指摘をしている。彼らによると，影響力の源泉は，罰，報酬，正当性，同一化，専門性，情報，カリスマ性の7つに分かれる。


- **罰**：罰の恐れによって，相手にこちらが意図した行動を取らせる影響力
- **報酬**：罰の逆で，報酬が欲しいという気持ちを利用する影響力
- **正当性**：そのような影響力を行使することが正当である，と認められたことによって発揮する影響力
- **同一化**：その人に憧れていたり，尊敬していたりして，その人と同じようになりたい，という感情を利用した影響力

- **専門性**：専門性に対する信頼によって及ぼす影響力
- **情報**：保持している情報に対する信頼によって及ぼす影響力
- **カリスマ性**：圧倒的な尊敬や威圧感によって及ぼす影響力

　これら7つの影響力の源泉のうち，罰や報酬，正当性は，権限に依存している面が強い。罰や報酬を与えるのは，企業や組織においては，一定の権限に基づくことが多い。また，リーダーシップを発揮することが上司の義務であり権限である，と一般的に考えられていることは，正当性もある程度，権限に依存している面があることは否めない。

　しかし，同一化や専門性，情報は，必ずしも権限に基づいているわけではない。上司であっても，部下が憧れたり尊敬したりできない人は少なからず存在する。逆に，同僚であっても，仕事面で有能さを発揮していれば，その面については，尊敬したり憧れたりすることもある。また，ある分野においては上司よりも部下の方が専門性において優る場合もあるし，上司が持っていない情報を部下が持っている場合もあろう。特に，研究開発などのように専門性が高い職場では，上司よりも部下の方が専門性において優っていたり，上司が知らない専門的な技術情報を部下が知っていたりすることはよくある話である。

　加えて，カリスマ性も，必ずしも権限に基づいているわけではない。権限があった方がカリスマ性を発揮しやすいことは事実である。しかし，権限が無くても，素晴らしい仕事ぶりやスピーチなどで人を惹きつけることができる場合も見られる。

　このように，たとえ公式の権限を持っていなくても，リーダーシップを発揮することはできるし，それによって，効果的に問題が解決されることはよくある。つまり，リーダーシップを発揮することができるのは，チームの中で，権限を持っているリーダー的な地位にある人だけではない。公式の権限を持たない部下であっても，十分にリーダーシップを発揮する機会はあるのだ。

　本書では，必ずしもリーダーシップが権限だけに依存して発揮されるわけではない，という前提のもとに議論を進めることとする。

## 1.3 リーダーシップとマネジメント

　リーダーシップとマネジメントの違いについても，実務家との会話において
よく齟齬が生じる。特に，実務家の中には，両者の定義について，コッター
(Kotter 1996) に準じて理解している人がいる。コッター (1996) によると，マネ
ジメントは"現状を維持するために，業務を効率的かつ効果的に推進すること"
である。一方，リーダーシップは"現状を打破し，変革を成し遂げるために，ビ
ジョンを掲げ，フォロワーをモチベートすること"である。

　しかし，この定義は，少なくともリーダーシップ研究では一般的ではない。と
いうよりも，この定義は，コッター (1996) およびその関連の著作物以外ではほ
とんど使われていない。

　たとえば，代表的なマネジメントのテキストの1つである『Fundermentals
of management』(Robbins et al. 2014) は，マネジメントを"人を通じて，そし
て人とともに，物事を効率的および効果的に成し遂げるプロセス"と定義して
いる。また，マネジメントの重要な役割として，計画すること，組織化するこ
と，リードすること，そしてコントロールすることをあげている。

　また，日本でも著名なミンツバーグ (Mintzberg 1973) は，マネジャーの重要
な役割として，対人関係における役割，情報にかかわる役割，意思決定に関す
る役割をあげており，対人関係における役割の1つにリーダー的役割をあげて
いる。

　このように考えると，リーダーシップを発揮することは，マネジメントが果
たす役割の1つであると言える。また，本書で示したリーダーシップの定義"職
場やチームの目標を達成するために他のメンバーに及ぼす影響力"を用いて考
えると，マネジャーがその役割を果たす際には，常にリーダーシップが求めら
れる，ということになる。

　リーダーとマネジャーという対極的な定義は，明確でわかりやすく，ときに
実務家の心に響くものである。しかし，突き詰めて考えると，両者を排反的な
ものとして議論することは不自然であるし，また，多くの研究もそのようなと
らえ方をしていない。

　マネジメントをおこなうためにはリーダーシップは必要である。その意味で

は，マネジメント機能の1つと言えるかもしれない。しかし，マネジメントをおこなわない場合でも，リーダーシップが必要になることは大いにある。マネジャーでなくてもリーダーになる必要がある。

このように考えると，両者は対極の概念ではなく，まったく別の概念であると考えた方がわかりやすい。このため，本書ではリーダーシップとマネジメントを概念的に区別し，リーダーシップに焦点を当てて議論を進めることとする。

# 2 リーダーシップ研究の流れ

他の社会科学系の研究と同様に，リーダーシップ研究も，社会状況の影響を受けながら進化をし続けている。初歩的な研究に始まり，日々進化をし続け，今日に至っている。また，その変化のプロセスでは，当時の社会の意識やニーズの影響を受けている。

つまり，最新のリーダーシップ研究であっても，真空の状態から生み出されたものではなく，それまでの時代の流れに影響を受けながら，研究の蓄積を重ねて今日の研究に至っているのである。このため，最新のリーダーシップを理解するためには，それまでの研究を時代に従って追った方が，遠回りのようで実は近道である。

また，古いリーダーシップ研究であっても，今日の研究に役立つ面はある。古いリーダーシップ研究とはいえ，本書で紹介する理論は，いずれも，その当時注目され，マネジメントに応用され，成果を示したものばかりである。つまり，古い研究であっても，一面の真実は含んでいる。このため，新しい研究を進めるうえで，重要な示唆を得る可能性もある。

そこで，以下では，古い時代から順に，どのようなリーダーシップ研究がおこなわれてきたのかを詳述する。

## 2.1 特性アプローチ

　優れたリーダーシップを発揮するために必要な資質を明らかにしようとしたのが，リーダーシップの特性アプローチによる一連の研究である。企業におけるリーダーシップについての本格的な研究は，特性アプローチによって幕が開けられることになる。

　特性アプローチの研究が多くおこなわれてきた最大の理由は，企業の現場のニーズである。企業規模がある程度大きくなると，たくさんのリーダーが必要になり，経営者たちは，自分自身でリーダーを選びきれなくなる。経営者以外もリーダーの選抜にかかわる必要が出てくる。このため，経営者が持つ経験や勘だけに頼るのではなく，誰もが使えるリーダーの選抜基準が求められるようになったのである。

　このようなニーズに応えるために，優れたリーダーに共通する資質を探るべく，多くの研究がおこなわれるようになった。しかし，研究によって，サンプル対象が違ったり調査設計が異なっていたりしたため，一貫した結果が得られない。効果的なリーダーに共通するとして特定された資質が，研究ごとに違っていたのである。

　このため，いくつかの先行研究をまとめてレビューし，その中から共通する資質を特定しようとする研究が出現した。代表的な研究者がストグディル (Stogdill 1948) である。

　ストグディル (1948) は，1904年から1947年にかけておこなわれた124の研究をすべてレビューし，優れたリーダーに共通する8つの資質を以下の通り特定した。知性，用心深さ，洞察力，責任感，率先力，粘り強さ，自信，社交性の8つである。

　この研究の意義は，それまで，多くの経営者が経験や勘だけに頼ってきたリーダーに必要な資質を，調査・分析に基づいて科学的に明らかにした，という点であろう。その意味で，この研究は，現代的なリーダーシップ研究の始まりを告げるものである，といえる。

　一方，特性アプローチ研究は，今日的な視点で見れば，非常に素朴な研究であり，素朴であるがゆえに大きな問題点も抱えている。その最大のものは次の

2つであろう。1つは，有効なリーダーシップは，リーダーの資質だけでは決まらない，という点である。2つめは，リーダーの育成につながらない，という点である。

特に，実務面で言えば，育成につながらない点は大きな問題である。企業規模が大きくなり，多くのリーダーが必要となると，選抜だけでは足りなくなる。この場合は，育成することが必要となる。特に，日本企業のように，人材育成を重視する場合は，リーダーをいかに育成するかは重要な課題である。それにもかかわらず，特性アプローチ研究の結果は，育成に対して重要な示唆を与えてくれないのである。

大きな問題点のうち，前者については，コンティンジェンシー・アプローチの研究を待つことになる。一方，後者については，次に隆盛をきわめる行動アプローチの研究が一定の答えを出すことになる。

## 2.2 行動アプローチ

リーダーシップの行動アプローチとは，優れたリーダーシップを発揮している人の行動に着目し，具体的にどのような行動をおこなっているのかを明らかにしようとした一連のリーダーシップ研究である。

フォロワーから見れば，重要なのはリーダーの資質ではなく行動である。フォロワーから見えているのは，リーダーの実際の振る舞いだからである。つまり，リーダーの行動そのものが，フォロワーの心理や行動に影響を及ぼしている，といえよう。たとえば，リーダー自身が，内心ではがっかりしていたり，落ち込んでいたりしても，フォロワーの前で明るく振る舞えば，それを見たフォロワーは，安心したり，前向きな気持ちになるだろう。逆に，元気のないフォロワーを心配していたとしても，それが“声をかけてあげる”などといった具体的な行動に現れなければ，フォロワーは冷たいリーダーと感じるかもしれない。

このアプローチに属する研究がおこなわれるようになった最大の理由は，実務家のリーダーシップ育成に対する期待が高まったことである。行動アプローチは，必要な行動を明らかにしようとしている。効果的なリーダー行動が明ら

かになれば，訓練次第でその行動を身につけることが可能になる。カリスマのようなきわめて稀なリーダーを育成することができるかどうかは別だが，実務家の要請に見合うだけのリーダーシップを発揮する人を育成することは訓練次第で可能になる。

　行動アプローチに属する研究は数多くある。その中で，次の3つが代表的な研究と言えるだろう。オハイオ研究，ミシガン研究，PM理論である。

　オハイオ州立大学で始まった一連の研究はオハイオ研究と呼ばれており，行動アプローチ研究の隆盛に最も大きな影響を及ぼした研究の1つである。オハイオ州立大学のリーダーシップ研究者たちは，数多くのリーダー行動に関する検証から，リーダー行動が，大きく2つのカテゴリーにまとめることができることを明らかにした。1つが“構造つくり”であり，もう1つが“配慮”である (Stogdill 1974)。

　構造つくりとは，原則的に，仕事そのものにかかわる行動である。フォロワーの役割や責任と権限，仕事のやり方，スケジュールを明確化する行動などが含まれる。一方配慮とは，リーダーとフォロワー，もしくはフォロワー同士の関係にかかわる行動である。職場の中でメンバー間の親密度や信頼関係を高める行動が含まれる。

　オハイオ研究では，両者はそれぞれ独立した概念であるととらえ，それぞれの行動を測定するための質問紙票を作成した。これが，LBDQ (Leader Behavior Description Questionnaire) と呼ばれるもので，世界各国で翻訳されている (Hemphill & Coons 1957; Stogdill 1963)。

　このため，LBDQを用いた多くの研究がおこなわれ，リーダー行動とフォロワーの満足度やフォロワーの成果との関係が検証された。その結果，リーダーが構造つくりと配慮の双方の行動を頻繁にとっている場合，フォロワーの満足度と成果が最も高まる，と多くの研究が結論づけた。

　オハイオ研究がおこなわれていた頃，同様の研究がミシガン大学でもおこなわれていた (Cartwright & Zander 1960; Katz & Kahn 1951; Likert 1961, 1967)。この研究の結果，グループの成果やフォロワーの満足度に影響を及ぼす2つの行動群が明らかにされた。“生産志向”と“従業員志向”である。生産志向に含まれる行動は，仕事の生産性や技術的側面に焦点を当てた行動であり，従業員志向

に含まれる行動は，人間関係を重視してフォロワーと接する行動である（Bowers & Seashore 1966）。

ミシガン研究においても，リーダーの2つの行動群とグループの成果などとの関係について，多くの検証がおこなわれた。その結果，両行動群を頻繁にとっているリーダーが，グループの成果にもフォロワーの満足度にもプラスの影響を及ぼしていることが明らかになった。

数少ない日本発のリーダーシップ理論の1つが，PM理論である（三隅 1984, 1986）。PM理論では，リーダー行動を課題達成機能と集団維持機能に分け，それぞれ"P機能"と"M機能"と呼ぶ。PはPerformanceから，MはMaintenanceからとっている。

PM理論では，P機能とM機能を独立の概念と考え，それぞれ高低のレベルを想定し，次の通り4つのタイプを類型化している。P機能もM機能も高いリーダーシップがPM型，P機能だけ高いリーダーシップがPm型，M機能だけ高いリーダーシップがpM型，そしてどちらも高くないリーダーシップがpm型である。

PM理論研究では，P機能およびM機能をそれぞれ測定する尺度が開発された。このため，日本国内で数多くの検証がおこなわれた。これらの結果によると，グループの成果に最も効果的だったのはPM型リーダーシップであった。また，短期的な成果については，PM型に次いで効果が高かったのがPm型で，これにpM型，そしてpm型が続いた。一方，長期的に成果に効果的なのは，PM型，pM型，Pm型，pm型の順であった。さらに，メンバーの満足度向上に効果的であったのも同じ順であった。

行動アプローチ研究は，実用に資する点で評価を受けたが，一方で問題点も抱えている。その最大のものは，特性アプローチと同様に，研究結果がすべてのケースに当てはまらない，ということであろう。オハイオ研究では，構造つくりと配慮の両方を持ち合わせていた方が，優れたリーダーシップを発揮すると指摘している。しかし，実際には，どちらかしか持ち合わせていなくても効果的なリーダーシップを発揮している人はいるし，逆に，両方持ち合わせていても，効果を発揮することができない人もいる。

このように，特性アプローチ研究で残された課題の1つは，行動アプローチ

研究でも解決されず，コンティンジェンシー・アプローチ研究の登場を迎える
ことになる。


## 2.3 コンティンジェンシー・アプローチ

　リーダーシップ研究者は，行動アプローチ研究の最大の問題点は，ワン・ベ
スト・ウェイを想定している点である，と考えるようになる。つまり，どのよ
うな状況であっても，常に，効果を発揮するリーダーシップが存在する，とい
う想定が間違っているのではないか，という指摘である。適切なリーダーシッ
プは，置かれた状況，すなわち，仕事の内容やフォロワーの能力などによって
異なるのではないか，ということである。
　このような考え方から，状況と適合するリーダーシップを特定しようという
研究が多くおこなわれるようになった。これらの研究を総称して，コンティン
ジェンシー・アプローチ研究という。コンティンジェンシー・アプローチに属
する研究は多く存在するが，代表的な研究は，フィードラー理論，SL理論，パ
ス・ゴール理論の3つであろう。
　フィードラー理論は，リーダーシップの有効性が，リーダーが置かれた状況
によって異なることを明らかにした先駆的な研究である（Fiedler & Chemers 1967;
Fiedler et al. 1976）。具体的には，リーダーシップ・スタイルをLPC（Least Preferred
Coworker）スケールという尺度を用いて"タスク志向型"と"人間関係志向型"
に分類し，それぞれのリーダーシップ・スタイルが，リーダーが置かれた状況
にどのように適合するのかを明らかにした。
　リーダーが置かれた状況は，リーダーとフォロワーの関係性，タスク構造，地
位パワーの3つに分類され，それぞれリーダーにとってコントロールしやすい
かどうかが検討されている。具体的には，リーダーとフォロワーの関係が良好
な場合，タスク構造が明確な場合，そして，地位パワーが強い場合はリーダー
にとってコントロールしやすく，逆の場合は，コントロールが難しくなる。
　実証研究の結果，リーダーにとってコントロールが容易である場合もしくは
難しい場合は，タスク志向型リーダーシップが有効であり，どちらとも言えな

い中間的な場合は，人間関係志向型リーダーシップが有効であることが明らかにされた。このことは，常に有効なリーダーシップ・スタイルがあるわけではなく，状況によって効果的なリーダーシップが異なることを示している。このように，フィードラー理論によって，はじめて，状況によってリーダーシップの有効性が異なることが実証的に明らかにされたのである。

SL理論も，フィードラー理論と同様に，リーダーが置かれた状況によって効果的なリーダーシップ・スタイルが異なることを主張している (Hersey & Blanchard 1977)。SL理論では，リーダーシップ・スタイルを特定するために，リーダーシップを発揮するための2つの行動に着目する。"指示的行動"と"支援的行動"である。SL理論では，両行動をそれぞれ独立と考え，4つのリーダーシップ・スタイルに類型化している。指示的行動が強く支援的行動が弱い"指示型リーダーシップ"，逆に指示的行動が弱く支援的行動が強い"支援型リーダーシップ"，両方とも強い"コーチング型リーダーシップ"，そしてどちらも弱い"委任型リーダーシップ"である。

同理論では，フォロワーの成熟度によって効果的なリーダーシップが異なると指摘している。ここで言う成熟度とは，仕事や目標を完遂するために必要な能力とモチベーションを有している度合いであり，時間が経つにつれて，低い状態から高い状態に発達することが想定されている。フォロワーの成熟度が低い段階では，指示型リーダーシップが適切である。しかし，もう少し成熟度が高まると，コーチング型リーダーシップが適切になる。さらに成熟度が高まった場合は，支援型リーダーシップが適切となり，最もフォロワーの成熟度が高くなると委任型リーダーシップが適切になる。

SL理論は，いくつかの問題点をもつものの，企業を中心に多くのリーダーシップ育成プログラムに取り入れられており，特に，実務面において多大な貢献をしたと言える。

パス・ゴール理論も，これまでの理論と同様に，状況要因にフィットしたリーダーシップ・スタイルをとることが，フォロワーのモチベーションや生産性といったアウトプットを生み出すことを想定してモデル化されている (Evans 1970; House & Dessler 1974; House & Mitchell 1974; House 1971)。パス・ゴール理論では，リーダーシップ・スタイルを4つに分類している。"指示型リーダーシップ""支

援型リーダーシップ""参加型リーダーシップ""課題志向型リーダーシップ"の4つである。

　パス・ゴール理論は，タスク要因とフォロワー要因によって，適切なリーダーシップが異なると主張する。たとえば，タスクの構造化の程度が低く，フォロワーが仕事能力に自信が無いような場合は，指示型リーダーシップが有効である。仕事能力に自信が無いフォロワーは，具体的な指示がリーダーから得られると，安心して仕事に取り組むことができるからである。また，公式の権限関係が弱く，フォロワーのローカス・オブ・コントロールが内側にある場合は，参加型リーダーシップが有効である。ローカス・オブ・コントロールが内側にあるフォロワーに参加を促すと，彼ら／彼女らは，積極的に意思決定に参加し，なおかつ，みずから責任もとろうとするからである。

　このように，パス・ゴール理論の考え方をベースにすると，様々な仮説が立てられる。実際に，パス・ゴール理論に関する研究は，様々な仮説を立て，その多くは仮説の正しさを検証している。

　これまで見てきたとおり，コンティンジェンシー・アプローチでは，状況によって有効なリーダーシップは異なると考える。特性アプローチや行動アプローチのように，唯一絶対に効果を発揮するリーダーシップを想定した研究に比べて現実的である。

　一方で，状況によって適切なリーダーシップが異なる，という考え方そのものに問題が潜んでいる面もある。この考え方を突き詰めると，有効なリーダーシップは，状況に合わせて受動的に決まる，という考え方につながる。しかし，優れた成果を上げている職場やチーム，組織を見てみると，リーダーは，必ずしもフォロワーや状況に合わせてリーダーシップ・スタイルを変えているわけではない。このような課題に応える形で誕生するのが，変革型アプローチ研究である。


## 2.4 変革型アプローチ

　きわめて高い成果をあげている職場を見てみると，ただフォロワーに合わせ

ているだけでなく，時にフォロワーに働きかけ，必要に応じてフォロワーを変化させていくようなリーダーシップが発揮されている場合がある。また，強力なリーダーシップのもと，合理的な交換関係だけでは説明できないような，非常に高い貢献意欲が導き出されている場合がある。このようなリーダーに共通する行動やフォロワーの変革プロセスを明らかにしようとした一連の研究を総称して変革型アプローチ研究と呼ぶ。

　変革型アプローチ研究に属する代表的な研究は，カリスマ型リーダーシップ理論と変革型リーダーシップ理論の2つである。

　ハウス（House 1976）のカリスマ型リーダーシップに関する研究を発展させ，カリスマ型リーダーシップ理論としてまとめたのがコンガーとカヌンゴ（Conger & Kanungo 1988）である。コンガーとカヌンゴ（1987）は，リーダーシップがカリスマ型だと認識されるのは，リーダーの行動に依存していると考え，フォロワーにカリスマ型を認識させるために必要となるリーダー行動を特定した。それが以下の5つである。

- 新しくて魅力的なビジョンの提示
- 感情が高ぶるようなビジョンの提示
- 並外れた行動力
- 自己犠牲
- 自信と楽観的思考

　また，コンガーとカヌンゴ（1988）は，フォロワーがリーダーのカリスマ性を認識しやすい状況として，フォロワーが将来に不安や心配を抱いている状態を指摘している。実際に，不況や災害など，大きな困難に直面した時，人は，カリスマ型のリーダーシップにすがりたくなるものである。

　一方，バス（Bass 1985）は，バーンズ（Burns 1978）の研究を発展させ，かつ，ハウス（1976）によるカリスマ型リーダーシップ研究も取り込み，より発展した形で変革型リーダーシップについて理論化をおこなった。これが変革型リーダーシップ理論である。

　バス（1985）は，効果的なリーダー行動を大きく2つに分類した。"交換型リー

ダーシップ”と“変革型リーダーシップ”である。交換型リーダーシップは，リーダーはフォロワーに対して報酬を提供し，フォロワーはその見返りとして，リーダーもしくは組織に対する貢献行動をおこなう，という交換関係を前提としたリーダーシップである。一方の変革型リーダーシップは，合理的な交換関係を越えてフォロワーの貢献意欲を引き出すリーダーシップである。

　バス (1985) およびバスとアボリオ (Bass & Avolio 1990) は，どちらのリーダーシップも必要であるが，フォロワーの成果を高めるためには，とりわけ変革型リーダーシップが重要であると主張している。そのうえで，変革型リーダーシップを発揮するためには，カリスマ的行動，フォロワーに対する知的刺激，フォロワーのモチベーション鼓舞，フォロワーの育成や感情への配慮の4つのタイプの行動が必要であると指摘している。

　また，変革型リーダーシップを測定する尺度として，MLQ (Multifactor Leadership Questionnaire) が開発された (Bass & Avolio 1995)。このため，変革型リーダーシップと，業績を含む様々なアウトプットとの関係について，多くの実証研究がおこなわれており，非常に多くの知見が得られている (たとえばDvir et al. 2002; Howell & Avolio 1993; Judge & Piccolo 2004; Keller 1992; Podsakoff et al. 1990; Shin & Zhou 2003など)。リーダーシップの標準的なテキストの1つであるヤックル (Yukl 2013) は，リーダーシップ研究の中で最も多くの実証研究がおこなわれているものの1つであると指摘している。

　変革型アプローチによる研究は，世界中のリーダーシップ研究で最も重要な影響を及ぼした研究の1つと言えよう。様々な業種，職種，国において検証がおこなわれ，おおむねフォロワーに対してポジティブな影響を及ぼすことが明らかにされているからである。

　しかし，一方で，変革型アプローチに対する批判もある。その中でも最も強い批判の1つは，その強力さゆえの暗黒面である。たとえば，カリスマ型リーダーシップが，企業にとって良い面だけでなく，副作用ももたらすことは想像に難くない (Hogan et al. 1990)。

　このような指摘に対して，変革型アプローチの研究も多くの反論をしている。しかし，それとは別に，最近では，このような指摘に対応した新しい研究の動きも見られるようになってきている。

40

# 3 リーダーシップ研究の新しい動き

　最近では，変革型アプローチの暗黒面に対するアンチテーゼが主張されている。その中でも，大きな注目を集めているのが，リーダーシップが持つ倫理面に着目した研究，リーダーの自身に対する自己理解を強調した研究，そして，リーダー以外のリーダーシップに焦点を当てた研究である。それぞれ，サーバント・リーダーシップに関する研究，オーセンティック・リーダーシップに関する研究，そしてシェアド・リーダーシップに関する研究である。以下では，これらについて詳細に見てみる。

## 3.1 倫理性の重視：サーバント・リーダーシップ

　フォロワー中心，利他主義，道徳的・倫理的価値によって特徴づけられる，チーム・フォロワーに奉仕するリーダーシップを理論化した研究がサーバント・リーダーシップ研究である。

　サーバント・リーダーシップという概念は，もともとグリーンリーフが概念化したものである。グリーンリーフは，米国のATTに40年間務めた経験と自身の信念から，リーダーは，自分自身の利益を超越してフォロワーの成長や利益を重視すべきであると考え，そのような考えをベースに発揮するリーダーシップをサーバント・リーダーシップと名付けたのである（Greenleaf 1977）。

　これを学術的にモデル化したのがリデンら（Liden et al. 2008）である。リデンら（2008）は，サーバント・リーダーシップについて，その規定要因，サーバント・リーダーシップの具体的行動，およびその結果についてモデル化している。規定要因とは，サーバント・リーダーシップを引き起こす要因であり，その場の状況や文化，リーダーの特性，そしてフォロワーの受容力・理解力が影響を及ぼすとしている。また，リーダーがサーバント・リーダーシップをとることで，フォロワーの成果・成長，組織の業績，そして社会にも影響を及ぼすと指摘している。

これに加えて，サーバント・リーダーシップの行動として，以下の7つをモデル化している。

- **概念化**：組織のミッションやビジョン，そして複雑さなどを含めて，組織全体を理解すること
- **感情的な癒やし**：フォロワーの個人的な関心や幸せ度合いに敏感になること
- **フォロワー優先**：フォロワーの利益や成功を最優先していることを，言動として示すこと
- **フォロワーの成長・成功を促進**：フォロワーの能力を理解したうえで，フォロワーが目指すべき目標を達成できるように手助けをすること
- **倫理的行動**：自分なりの倫理基準に従って行動すること
- **エンパワーメント**：フォロワーに対して，自分で決定し，自身の力で目標達成することを可能にすること
- **コミュニティへの貢献**：地域のコミュニティに対して積極的に貢献すること

　サーバント・リーダーシップは，研究によっては，生まれながらの特性としてとらえられることもある。しかし，リデンら（2008）は，サーバント・リーダーシップの行動的側面をとらえている。このことは，サーバント・リーダーシップが，訓練次第で育成につながることを示唆している。

　サーバント・リーダーシップの研究が多くおこなわれるようになってきた理由の1つは，変革型アプローチ研究に対する反動があるだろう。フォロワーに強いプレッシャーをかけるのではなく，フォロワーを信頼し，フォロワーを重視するリーダーシップが求められるようになってきたのである。また，リーダーシップの目的を，単にグループや組織の業績だけにおくのではなく，プロセスやアウトプットの倫理的な側面にも焦点を当てる必要性が高まってきたのである。これらの時代的な要請により，サーバント・リーダーシップの研究が積極的におこなわれるようになってきたのであろう。

## 3.2 自己認識の重視：オーセンティック・リーダーシップ

　Authenticとは，"本物である"とか"信頼できる"といった意味である。つまり，オーセンティック・リーダーシップは，誠実で信頼に足るリーダーシップを示している。オーセンティック・リーダーシップ研究では，いずれの研究も，自己認識，言動の一致や倫理性，透明性を強調している。つまり，オーセンティック・リーダーシップとは，客観的に自分を理解したうえで高い倫理意識を持ち，すべてオープンにすることで，フォロワーからの信頼を獲得し，それによってフォロワーに対して影響力を発揮するリーダーシップであると言えよう。

　ワランバら（Walumbwa et al. 2008）は，オーセンティック・リーダーシップが以下の4つの要素から構成されていることを明らかにしている。

- **自己認識**：自分自身の強みや弱みを知り，自分の行動の他者へのインパクトを知ること
- **倫理的視点の内在化**：みずからの内にある倫理基準に従って行動や意思決定をみずからコントロールすること
- **バランスのとれた処理**：情報を客観的に分析したり，様々な人の意見を聞いたうえで意思決定をおこなうなど，客観的に公平・公正に判断したり意思決定をおこなったりすること
- **関係の透明性**：他人と対面した際に，オープンで，なおかつ正直であること

　リーダーが自己を理解し，かつオープンで正直であると感じることができれば，フォロワーは，リーダーを信頼し，リーダーの影響力を進んで受け入れるだろう。逆に，隠れて本人自身の利益のためにリーダーシップを発揮しているのではないか，という疑いをリーダーに対して抱くようであれば，たとえその人が高い能力を持っていようとも，たとえ素晴らしいビジョンを伝えようとも，その人についていこうと思うフォロワーはいないだろう。

　オーセンティック・リーダーシップ研究は，その歴史が比較的新しく，研究としての評価を下すには時期尚早である。しかし，それでも，オーセンティッ

ク・リーダーシップ研究は以下の3点で強みがあると言えよう。

第1に，リーダーシップの倫理面に焦点を当てている点である。リーダーシップを発揮するに当たって，倫理面が重要であることは論を待たない。第2に，オーセンティック・リーダーシップの育成面にも焦点を当てている点である。ルーサンズとアボリオ（Luthans & Avolio 2003）は，心理的資本がオーセンティック・リーダーシップに影響を及ぼすことを指摘し，心理的資本の育成を通じてオーセンティック・リーダーシップを開発するプログラムも提案している。第3に，オーセンティック・リーダーシップを測定する尺度が開発されていることである。これは，ワランバら（Walumbwa et al. 2008）によって開発されたALQ（Authentic Leadership Questionnaire）と呼ばれるもので，多くの研究者から，その信頼性・妥当性について高い評価を受けている。

## 3.3 メンバーによるリーダーシップの重視：シェアド・リーダーシップ

最近になって，これまでのリーダーシップ研究とまったく違った研究が，注目を浴びるようになってきた。それがシェアド・リーダーシップに関する研究である。シェアド・リーダーシップとは，チームや職場のメンバーが必要な時に必要なリーダーシップを発揮し，誰かがリーダーシップを発揮している時には，他のメンバーはフォロワーシップに徹するようなチームや職場の状態のことである。これまでのリーダーシップ研究の多くが，チームや職場にリーダーが1人だけいることを前提に，そのリーダーのリーダーシップに焦点を当ててきた。これに対してシェアド・リーダーシップ研究は，マネジャーのように公式的にリーダーシップを発揮することが求められている地位にある人だけでなく，他のメンバーの全員が，リーダーシップを発揮することができることを前提にしている。

リーダーシップの定義"職場やチームの目標を達成するために他のメンバーに及ぼす影響力"を思い起こせば，それは，必ずしもマネジャーなど1人の人だけが発揮する物ではないことがわかる。また，先述したとおり，リーダーシップは必ずしも権限に基づくものではない。したがって，職場のマネジャーやプ

44

ロジェクト・リーダーといった立場の人だけが発揮できるものではない。

　実際に，現実の職場に照らし合わせてみても，役職にとらわれず職場の他の
メンバーに目標達成に向けた重要な影響力を発揮している人もいる。逆に，課
長とは名ばかりで，ほとんど他のメンバーに影響力を発揮していない人もいる
であろう。この場合，前者はリーダーシップを発揮しており，後者はリーダー
シップを発揮していないということになる。

　このように考えると，職場にリーダーシップを発揮している人が複数存在す
る場合もあるであろうし，逆に，ほとんど発揮している人がいないような場合
もあるかもしれない。この中で，複数のリーダーが相互に役割分担をし，適切
なタイミングで適切なリーダーシップを発揮している職場やチームの状況をシェ
アド・リーダーシップと呼ぶのである。

　特に，今日のように，仕事の環境の複雑さや曖昧さが高く，変化のスピード
が速い場合は，シェアド・リーダーシップは職場やチームの成果に重要な影響
を及ぼす。このような状況では，それまでの成功体験が通用しなかったり，公
式のリーダーによる情報処理能力だけでは対応しきれなかったりする。このた
め，公式のリーダーも含めたメンバー全員が，それぞれの持つ情報や能力を発
揮しながら，試行錯誤を繰り返して適切なやり方を求めていくことが求められ
る。つまり，メンバーの全員が，必要なリーダーシップを発揮することが求め
られるのである。

　実際に，多くの先行研究が，シェアド・リーダーシップが，職場やチームへ
ポジティブな影響を及ぼすことを明らかにしている。たとえばアボリオら (Avolio
et al. 1996) は，大学生によるプロジェクト・チームを対象に調査した結果，シェ
アド・リーダーシップの状態が強いほど，チーム効力感やチーム有能感，凝集
性，信頼関係が高まり，結果的にチームの成果が高くなることを示している。ま
た，カーソンら (Carson et al. 2007) も，MBAの学生のチームを対象に，シェア
ド・リーダーシップがチームの成果を高めることを明らかにしている。加えて，
ピアースとシムズ (Pearce & Sims 2002) は，自動車関連製品のメーカーの自律的
なチームを対象に，1人の人によるリーダーシップとシェアド・リーダーシッ
プの効果を比較したところ，シェアド・リーダーシップの方がチームの成果に
強い影響を及ぼすことを明らかにしている。さらに，石川 (2013) は，日本企業

の研究開発チームを対象に調査した結果，シェアド・リーダーシップがチームの成果に強い影響を及ぼすことを明らかにしている。

シェアド・リーダーシップ研究は，これまでのリーダーシップ研究とその前提が異なる。第1に，リーダーシップは訓練次第で誰にでも身につけることができることである。職場やチームの全員がリーダーシップを発揮するためには，特別な能力がなくても，必要な訓練を受けさえすれば，必要なリーダーシップを発揮できるようになることが求められる。第2に，リーダーシップが権限にだけ依存しているわけではないことである。職場やチームの全員がリーダーシップを発揮するためには，権限の有無にかかわらずリーダーシップを発揮することが求められる。

これらの前提は，いずれも，リーダーシップを影響力と考えれば，必ずしも不自然な前提ではない。影響力と考えれば，特別な才能が無くても，自らの得意分野で影響力を発揮することができる。また，権限が与えられなくても，他のメンバーに影響力を及ぼすことは可能である。

したがって，シェアド・リーダーシップが重要であるということは，同様に，職場やチームの誰にとっても，リーダーシップ開発が重要であることを意味している。それは，社会人に限らない。大学生であっても，中学生や高校生であっても，現在の生活を生き生きとしたものにするためにも，また，将来のキャリア開発のためにも，リーダーシップ開発が重要になるのである。

# 4 今後の課題

他の研究分野と同様に，リーダーシップ研究においても，多くの課題が残されている。ここですべてに言及することはできないため，2点だけ指摘しておきたい。1つは，文化による違いについてであり，もう1つは，強みを活かすリーダーシップについてである。

変革型アプローチ研究の多くは，リーダーシップの文化的普遍性を主張して

いる。特に，バスの変革型リーダーシップについては，北アメリカ・ヨーロッパにとどまらず，アジアやオセアニア，南米，アフリカでもその有効性が検証されている(たとえばCavazotte et al. 2012; Ishikawa 2012; Kirkman et al. 2009; Walumbwa et al. 2007; Walumbwa et al. 2005など)。

しかし，一方で，世界のリーダーシップ研究を比較調査・研究をおこなった著名な研究プロジェクトであるGLOBE (Global Leadership and Organizational Behavior Effectiveness) プロジェクトでは，文化を越えて共通に効果を発揮するリーダーシップは存在しないと指摘している (House et al. 2004)。また，変革型リーダーシップについても，石川 (Ishikawa 2012) は，日本企業においてはコンセンサス維持規範を高めすぎてしまうため，マイナスの影響を及ぼす可能性があることを指摘している。さらに石川 (2016) は，シェアド・リーダーシップが，日本企業のマネジメントにおいて，より有効に機能する可能性を指摘している。

このように，リーダーシップの効果は，文化的な影響を受ける可能性が高い。したがって，文化的な要因を考慮した研究が，今後さらにその必要性を増していくと考えられる。

また，このことは，日本の文化的要因に適したリーダーシップ研究が求められることを意味している。残念ながら，現在，日本で研究されているリーダーシップの多くは，米国での研究が元になっている。しかし，日本には日本に適したリーダーシップがあるはずである。日本の文化的要因や，日本企業のマネジメント・スタイルに適したリーダーシップ研究を，今後，積極的におこなっていく必要があると考える。

もう1つの課題は，個々の強みを活かすリーダーシップである。シェアド・リーダーシップの考え方からすれば，チームや職場の全員がリーダーシップを発揮することが求められる。そのためには，各メンバーが，それぞれの強みを影響力として発揮することが求められる。

この点について，パーソナリティ・ベース・リーダーシップに関する研究が参考になる。パーソナリティ・ベース・リーダーシップとは，自らの強みを影響力として発揮するリーダーシップである。これまでのリーダーシップ研究で有効性が明らかにされてきたリーダーシップ・スタイルを実践するのではなく，自らの持つ能力的・性格的な強みを影響力として発揮するリーダーシップであ

る。強みであれば，どのような人でも持っている。それを影響力として発揮するのであれば，公式の権限を持たなくても，また，カリスマのような特別な才能が無くても可能になる。

　現実の場面を想定して考えると，パーソナリティ・ベース・リーダーシップは，無理に既存のリーダーシップ・スタイルを発揮するよりも有効であると考えられる。たとえば，部下のモチベーションが低く，かつ，能力的にもそれほど高くない場合，SL理論によれば，上司は指示型リーダーシップを取ることが最も効果的である。また，カリスマ型リーダーシップ理論でいえば，新しくて魅力的なビジョンを示したり，大事にしていることや理想について感情的にアピールをしたり，並外れた行動力を見せたりすることが求められる。

　しかし，実際には，自らのリーダーシップを必要に応じて変化させることは難しい。たとえば，参加型リーダーシップをとってきた人が，状況が変わったからといって，急に指示型リーダーシップをとりなさい，といわれても，そう簡単にリーダーシップ・スタイルを変えることはできないであろう。また，内気で，人前で話すのが得意でない人が，カリスマ型リーダーシップが有効だからといって，カリスマ型リーダーシップで求められるような行動をとることは容易ではない。

　つまり，状況に応じてリーダーシップを使い分けたり，変革型やカリスマ型リーダーシップのような既存のリーダーシップ・スタイルを取ったりすることは，誰にでもできることではない。一方で，自らの能力や性格，特にその強みを活かすことは，訓練次第では誰にでもできるはずである。そうであるなら，既存のリーダーシップ・スタイルを実践するよりも，自らの強みをリーダーシップとして活かす方が効果的であろう。実際に，最新のデータによって，パーソナリティ・ベース・リーダーシップは，変革型リーダーシップやサーバント・リーダーシップよりもチーム成果に重要な影響を及ぼすことが明らかにされつつある。

　しかし，パーソナリティ・ベース・リーダーシップの研究は，研究の途に就いたばかりである。まだ，既存のリーダーシップ・スタイルとの比較データも十分に集まっていない。すべての場面でパーソナリティ・ベース・リーダーシップが有効であるかも検証されていない。加えて，どのようにパーソナリティ・

ベース・リーダーシップを育成するのか，つまり，自らの強みをどのように影響力に変えるのか，といった点についても研究途上である。

誰もがリーダーシップを発揮できる職場やチームを目指し，チーム・メンバー全員のリーダーシップを開発していくためには，パーソナリティ・ベース・リーダーシップの研究は重要な役割を果たす。そのために，さらなる研究が求められるであろう。

## 参考文献

Avolio, B. J., Jung, D. I., Murry, W. & Sivasubramaniam, N. (1996) Building highly developed teams: Focusing on shared leadership processes, efficacy, trust, and performance. M. M. Beyerlein & D. A. Johnson (eds.) *Advances in interdisciplinary study of work teams* (*Vol. 3*). JAI Press. pp.173-209.

Bass, B. M. (1985) *Leadership and performance beyond expectation*. Free Press.

Bass, B. M. & Avolio, B. J. (1990) Developing transformational leadership: 1992 and beyond. *Journal of European Industrial Training*. Vol.14 No.5 pp.21-27.

Bass, B. M. & Avolio, B. J. (1995) *MLQ Multifactor leadership questionnaire* (*2nd ed.*). Mind Garden.

Bowers, D. G. & Seashore, S. E. (1966) Predicting organizational effectiveness with a four-factor theory of leadership. *Administrative Science Quarterly*. Vol.11 No.2 pp.238-263.

Burns, J. M. (1978) *Leadership*. Harper & Row.

Carson, J. B., Tesluk, P. E. & Marrone, J. A. (2007) Shared leadership in teams: An investigation of antecednt conditions and performance. *Academy of Management Journal*. Vol.50 No.5 pp.1217-1234.

Cartwright, D. E. & Zander, A. E. (1960) *Group dynamics research and theory*. Row, Peterson.

Cavazotte, F., Moreno, V. & Hickmann, M. (2012) Effects of leader intelligence, personality and emotional intelligence on transformational leadership and managerial performance. *Leadership Quarterly*. Vol.23 No.3 pp.443-455.

Conger, J. A. & Kanungo, R. N. (1987) Toward a behavioral theory of charismatic leadership in organizational settings. *Academy of Management Review*. Vol.12 No.4 pp.637-647.

Conger, J. A. & Kanungo, R. N. (1988) *Charismatic leadership: The elusive factor in organization effectiveness*. Jossey-Bass.

Drath, W. H. & Palus, C. J. (1994) *Making common sense: leadership as meaning-making in a community of practice*, Center for Creative Leadership.

Dvir, T., Eden, D., Avolio, B. J. & Shamir, B. (2002) Impact of transformational leadership on follower development and performance: A field experiment. *Academy of Management Journal*. Vol.45 No.4 pp.735-744.

Evans, M. G. (1970) The effects of supervisory behavior on the path-goal relationship. *Organizational Behavior and Human Performance*. Vol.5 No.3 pp.277-298.

Fiedler, F. E. & Chemers, M. M. (1967) *A theory of leadership effectiveness*. McGraw-Hill.

Fiedler, F. E., Chemers, M. M. & Mahar, L. (1976) *Improving leadership effectiveness: The leader match concept*. John Wiley & Sons.

French, J. R. P., Jr & Raven, B. H. (1959) The bases of social power. D. Cartwright (ed.) *Studies in social power*. Institute for Social Research.

Greenleaf, R. K. (1977) *Servant leadership: A journey into the nature of legitimate power and greatness*. Paulist Press.

Hemphill, J. K. & Coons, A. E. (1957) Development of the leader behavior description questionnaire. R. M. Stogdill & A. E. Coons (eds.) *Leader behavior: Its description and measurement* (*Research Monograph No.88*). Ohio State University, Bureau of Business Research.

Hersey, P. & Blanchard, K. (1977) *Management of organizational behavior: Utilizing human resources* (*3rd ed.*). Prentice Hall.

Hogan, R. J., Raskin, R. & Fazzini, D. (1990) The dark side of charisma. K. E. Clark & M. B. Clark (eds.) *Measures of leadership*. Leadership Library of America. pp.343-354.

House, R. J. (1971) A path goal theory of leader effectiveness. *Administrative Science Quarterly*. Vol.16 No.3 pp.321-339.

House, R. J. (1976) A 1976 theory of charismatic leadership. J. G. Hunt & L. L. Larson (eds.) *Leadership: The cutting edge*. Southern Illinois University Press.

House, R. J. & Dessler, G. (1974) A path-goal theory of leadership. J. Hunt & L. Larson (eds.) *Contingency approaches to leadership*. Southern Illinois University Press. pp.29-55.

House, R. J., Hanges, P. J., Javidan, M., Dorfman, P. W. & Gupta, V. (2004) *Culture, leadership, and organizations: The GLOBE study of 62 societies*. Sage Publications.

House, R. J., Hanges, P. J., Ruiz-Quinganilla, S. A., Dorfman, P. W., Javidan, M., Dickson, M. & Associates (1999) Cultural Influences on leadeership and organizations: Project GLOBE. W. H. Mobley, M. J. Gressner & V. Arnold (eds.) *Advances in global leadership*. JAI Press. pp.131-233.

House, R. J. & Mitchell, T. (1974) Path-goal theory of leadership. *Journal of Contemporary Business*. Vol.3 pp.81-97.

Howell, J. M. & Avolio, B. J. (1993) Transformational leadership, transactional leadership, locus of control, and support for innovation: Key predictors of consolidated-business-unit performance. *Journal of Applied Psychology*. Vol.78 No.6 pp.891-902.

Ishikawa, J. (2012) Leadership and performance in Japanese R&D teams. *Asia Pacific Business Review*. Vol.18 No.2 pp.241-258.

石川淳 (2013) 研究開発チームにおけるシェアド・リーダーシップ：チームリーダーのリーダーシップ,シェアド・リーダーシップ,チーム業績の関係. 組織科学. Vol.46 No.4 pp.67-82.

石川淳 (2016) シェアド・リーダーシップ：チーム全員の影響力が職場を強くする. 中央経済社.

Jacobs, T. O. & Jaques, E. (1990) Military executive leadership. K. E. Clark & M. B. Clark (eds.) *Measures of leadership*. Leadership Library of America. pp.281-295.

Judge, T. A. & Piccolo, R. F.（2004）Transformational and transactional leadership: A meta-analytic test of their relative validity. *Journal of Applied Psychology*. Vol.89 No.5 pp.755-768.

Katz, D. & Kahn, R. L.（1951）Human organization and worker motivation. L. R. Tripp（ed.）*Industrial productivity*. Industrial Relations Research Association. pp.146-171.

Katz, D. & Kahn, R. L.（1978）*The social psychology of organizations (2nd. ed.)*. John Willey & Sons.

Keller, R. T.（1992）Transformational leadership and the performance of research and development project groups. *Journal of Management*. Vol.18 No.3 pp.489-501.

Kirkman, B. L., Chen, G., Farh, J.-L., Chen, Z. X. & Lowe, K. B.（2009）Individual power distance orientation and follower reactions to transformational leaders: A cross-level, cross-cultural examination. *Academy of Management Journal*. Vol.52 No.4 pp.744-764.

Kotter, J. P.（1996）*Leading change*. Harvard Business Press.

Liden, R. C., Wayne, S. J., Zhao, H. & Henderson, D.（2008）Servant leadership: Development of a multidimensional measure and multi-level assessment. *Leadership Quarterly*. Vol.19 No.2 pp.161-177.

Likert, R.（1961）*New patterns of management*. McGraw-Hill.

Likert, R.（1967）*The human organization: its management and values*. McGraw-Hill.

Luthans, F. & Avolio, B. J.（2003）Authentic leadership: A positive developmental approach. K. S. Cameron, J. E. Dutton & R. E. Quinn（eds.）*Positive organizational scholarship*. Barrett-Koehler.

Mintzberg, H.（1973）*The nature of managerial work*. Prentice-Hall.

三隅二不二（1984）リーダーシップ行動の科学（改訂版）. 有斐閣.

三隅二不二（1986）リーダーシップの科学：指導力の科学的診断法. 講談社.

Northouse, P. G.（2016）*Leadership: Theory and practice*（Seventh ed.）. Sage.

Pearce, C. L. & Sims, H. P. J.（2002）Vertical versus shared leadership as predictors of the effectiveness of change management teams: An examination of aversive, directive, transactional, transformational, and empowering leader behaviors. *Group Dynamics: Theory, Research, and Practice*. Vol.6 No.2 pp.172-197.

Podsakoff, P. M., MacKenzie, S. B., Moorman, R. H. & Fetter, R.（1990）Transformational leader behaviors and their effects on followers' trust in leader, satisfaction, and organizational citizenship behaviors. *Leadership Quarterly*. Vol.1 No.2 pp.107-142.

Rauch, C. F. & Behling, O.（1984）Functionalism: Basis for an alternate approach to the study of leadership. J. G. Hunt, D. M. Hosking, C. A. Schriesheim & R. Stewart（eds.）*Leaders and managers: International perspectives on managerial behavior and leadership*. Pergamon Press. pp.45-62.

Richards, D. & Engle, S.（1986）After the vision: Suggestions to corporate visionaries and vision champions. *Transforming leadership*. Miles River Press. pp.199-214.

Robbins, S. P., DeCenzo, D. A. & Gao, J.（2014）*Fundamentals of management*（Global ed.）. Prentice Hall.

Schein, E.（1992）*Organizational culture and leadership*（2nd ed.）. Jossey-Bass Publishers.

Shin, S. J. & Zhou, J.（2003）Transformational leadership, conservation, and creativity: Evidence from Korea. *Academy of Management Journal*, Vol.46 No.6 pp.703-714.

Stogdill, R. M. (1948) Personal factors associated with leadership: A survey of the literature. *Journal of Psychology*. Vol.25 pp.35-71.

Stogdill, R. M. (1963) *Manual for the leader behavior description questionnaire form XII*. Ohio State University, Bureau of Business Research.

Stogdill, R. M. (1974) *Handbook of Leadership*. Free Press.

Walumbwa, F. O., Avolio, B. J., Gardner, W. L., Wernsing, T. S. & Peterson, S. J. (2008) Authentic leadership: Development and validation of a theory-based measure. *Journal of Management*. Vol.34 No.1 pp.89-126.

Walumbwa, F. O., Lawler, J. J. & Avolio, B. J. (2007) Leadership, individual differences, and work-related attitudes: A cross-culture investigation. *Applied Psychology: An International Review*. Vol.56 No.2 pp.212-230.

Walumbwa, F. O., Orwa, B., Wang, P. & Lawler, J. J. (2005) Transformational leadership, organizational commitment, and job satisfaction: A comparative study of Kenyan and U.S. financial firms. *Human Resource Development Quarterly*. Vol.16 No.2 pp.235-256.

Yukl, G. (2013) *Leadership in organizations global edition*. Pearson Education Limited.

*Research on the latest Leadership Education*

# 第2章 リーダーシップ教育の理論と設計

舘野泰一

　本章の目的は，本書のメインテーマとなる「大学のリーダーシップ教育の枠組み」を示すこととする。前章の石川の議論をみれば，リーダーシップ研究のメインストリームは，その多くが企業・組織における実践であることに気がつく。それに対して本書は，企業組織に入る前の大学生，高校生に対して，いかなる「リーダーシップ教育」が可能かを主に説いている。この枠組みを示すためには，その前提としてリーダーシップの議論における「2つの断絶」を乗り越えて検討していく必要があるだろう。

　1つ目は，「企業」と「大学」という断絶である。既述したようにリーダーシップ研究の多くは企業を前提に研究がおこなわれてきた。しかし，本書で対象とするのは，主に大学などの教育機関におけるリーダーシップ教育である。よって，両者の共通点，差違点に留意しながら，リーダーシップ教育の枠組みについて検討する必要がある。本章では，現在の企業におけるリーダーシップ開発の現状を踏まえながら，なぜ大学でリーダーシップ教育をおこなう必要があるのか，大学でどのようなリーダーシップ教育をおこなうべきなのかという点について述べる。

　2つ目は，「リーダーシップ研究」と「リーダーシップ開発研究」の間にある断絶である。リーダーシップ研究（リーダーシップという現象を明らかにするもの）と，リーダーシップ開発研究（リーダーシップを開発しようとするもの）は，相互交流が必要であるものの，これまで理論的な接続が十分になされてこなかった（たとえば，Day et al. 2014）。その理由は，初期のリーダーシップ研究では，リーダーシップを

「個人の特性・資質」として捉えていたため，開発・育成という視点に至らなかったという点があげられる。しかし，近年のリーダーシップ研究では，リーダーシップは学習可能であるという認識が広がりつつある。大学におけるリーダーシップ「教育」を問うためには，この断絶を埋める必要があるだろう。

　本章の構成について述べる。本章では，最初に日本の企業におけるリーダーシップ開発の現状を概観し，なぜ日本の大学においてリーダーシップ教育が必要なのかについて述べる。次に，前章の内容を踏まえ，リーダーシップ研究の内容と関連づけて，リーダーシップ教育の定義や学習目標について整理する。最後に，企業におけるリーダーシップ開発の枠組みを参考にしながら，本章におけるリーダーシップ教育の枠組みを示し，本書で示す事例との対応関係について説明する。

# 1 大学でリーダーシップ教育が求められる背景

　最初に日本の企業の状況をもとに，なぜ大学においてリーダーシップ教育が必要なのかについて説明する。近年の企業におけるリーダーシップ開発は大きく2つの傾向が見られる。1つ目は，リーダーシップ開発をおこなう時期の早期化，2つ目は，リーダーシップが必要となる層の拡大，という点である（舘野 2017）。以下それぞれについて説明する。

　第1に「リーダーシップ開発をおこなう時期の早期化」に関してである。金井・守島ら（2009）によれば，これまで企業において「キャリアの初期」にリーダーシップ開発が真剣に取り組まれるということはほとんどなかった。しかし，近年の企業間の競争の激化などから，将来を担う経営人材をなるべく早く育成するために，早期の選抜や研修をおこなおうとする流れが生まれている（森永 2012）。リーダーシップ開発の早期化は，リーダーシップを効果的に身につけるという側面からも大きな意義を持つ。マーフィとジョンソン（Murphy & Johnson 2011）によるリーダーシップ開発のライフスパンモデルでは，「リーダーシップ

の早期の学習経験」（学生時代の経験など）は，リーダーシップを身につけるうえで重要な要素の1つとなっている。このように，効果的なリーダーシップ開発という側面から，「管理職になってから」や「管理職になる直前」に研修などをおこなうのではなく，さらにその前の段階で育成しようとする傾向が生まれつつある。

もう1つの傾向は，リーダーシップが必要となる層の拡大である。これは，一部のマネジャーや，幹部候補だけでなく，権限や役職関係なく，全員にリーダーシップを身につけさせようとする流れである。前章で述べたとおり，リーダーシップは権限や役職に関係なく，発揮できるものである。また，シェアド・リーダーシップの考えにあったように，全員がリーダーシップを発揮することで，環境変化に対応しやすくなる（石川 2016）。このように，環境の変化やイノベーションを起こすためには，組織のトップや上位階層のリーダーシップだけでは不十分であるという認識の広がりから，外資系企業を中心に，全員にリーダーシップを身につけさせようとする動きがある（日向野 2015）。

以上，示した通り，企業におけるリーダーシップ開発の傾向は「なるべく早く，そして全員に」という状態にある。こうした状況を受けて，企業の中だけでなく，その前の段階である大学でのリーダーシップ教育へも期待が高まってきている。

企業が，入社前の「大学時代の経験」に着目するのは，リーダーシップに限ったことではない。近年の経営環境のグローバル化や，それに伴う企業間の競争の激化から「即戦力」を求める状況はいままで以上に高まっている。これまでは「大学時代の経験や勉強などは企業に入ってからは役に立たないから，白紙で来ればよい」という言葉も聞かれたが，先進的な実務家の主要関心は「大学時代にどのような経験を得た個人を採用すれば成果につながるのか」というものに移り変わってきている（舘野・中原 2017）。

こうした変化から，大学も新たな教育手法の導入・改善をおこない，その効果検証としてのアウトカム評価に関する議論をおこなっている。その中でも，リーダーシップは大学教育で身につけるべきものとして明確に位置づいている。たとえば，「学士力」（中央教育審議会 2008）や，「社会人基礎力」（経済産業省 2006）といった提言の中で，リーダーシップに関する内容が取り上げられている。こ

のように，大学の中でもリーダーシップ教育の重要性は日に日に高まっている状況にある。

　では，大学でのリーダーシップ教育では，具体的にどのような教育目標を設定し，どのような手法でおこなう必要があるだろうか。次節では，リーダーシップ教育の定義をしたうえで，本書の教育目標の枠組みについて説明する。

# 2 リーダーシップ教育とは

## 2.1 リーダーシップ教育の定義

　本書におけるリーダーシップ教育の定義について検討する。企業におけるリーダーシップ開発の定義としてよく採用されるものに「リーダーシップの役割とそのプロセスを効果的なものにするために個人の能力を伸ばすこと」がある（McCauley et al. 2011）。リーダーシップの役割とプロセスとは，人々の集団が生産的かつ意味のあるやり方で協働することを促進する一連のことを指している。この定義には3つのポイントがある。それは，

　①個人を開発の対象としていること
　②リーダーの選別が目的でなく，権限に関係なく効果的なリーダーシップをおこなうために何が必要かを検討していること
　③リーダーシップは学習可能という前提であること

の3点である（McCauley et al. 2011）。

　本書におけるリーダーシップ教育も，ここで主張されている内容と大きな方向性は一致している。しかし，本書においては，リーダーシップを「職場やチームの目標を達成するために他のメンバーに及ぼす影響力」と定義し，「プロセ

ス」を「影響力」と捉えているため，そのまま使用することは難しい。

そこで本書におけるリーダーシップ教育は「効果的なリーダーシップを発揮するために，個人の能力・資質・行動の向上を目指すこと」と定義した。この定義においても，上述した，①個人を育成の対象とすること，②選別ではなく効果的なリーダーシップを権限なく身につけること，③リーダーシップは学習可能であること，の3点は共通している。この定義のもとに，本書の議論を進める。

## 2.2 本書におけるリーダーシップ教育の教育目標

次に，本書におけるリーダーシップ教育の教育目標について検討する。効果的なリーダーシップを発揮するために，具体的にどのような個人の能力・資質・行動を伸ばすのかを検討することが重要である。本節では，この教育目標について，前章の内容をもとに検討をおこなう。

リーダーシップ教育においては，1つの正しいリーダーシップ論が存在し，それを遵守するというものではなく，人が成長していくプロセスへの着目が重要になる（Day et al. 2009）。アメリカの大学におけるリーダーシップ教育においても，1つのプログラムに対して，1つの理論やモデルに準拠するというものではなく，各大学がそれぞれの文脈（大学の教育理念など）に合わせて，理論やモデルを活用している（泉谷・安野 2015）。このように，リーダーシップ教育においては，それぞれの文脈に合わせて，さまざまなリーダーシップの理論・モデルを参照して，教育目標を定める必要がある。前章で述べた通り，リーダーシップの理論は，国の文化などにも影響されることが指摘されており，海外の研究知見を参照しながらも，日本の大学教育におけるリーダーシップ教育の枠組みについて検討することが重要である。

そこで本章では，本書における大学のリーダーシップ教育の枠組みを**図2-1**にまとめた。以下，この枠組みについて説明する。

最初に，本書のリーダーシップの定義から，リーダーシップ教育をおこなう前提について整理する。本書ではリーダーシップを「職場やチームの目標を達

#### 本研究におけるリーダーシップの定義

「職場やチームの目標を達成するために他のメンバーに及ぼす影響力」
(石川 第1章)

#### 本研究におけるリーダーシップ教育の定義

「効果的なリーダーシップを発揮するために，個人の能力・資質・行動の向上を目指すこと」
(舘野 第2章)

図2-1 リーダーシップの概念

成するために他のメンバーに及ぼす影響力」と定義している。この定義の意味する点は，リーダーシップは権限や役職にかかわらず発揮することができ，学習可能という点である。そこで，本書におけるリーダーシップ教育では，将来のマネジャーや幹部候補の育成などに限定するのではなく「権限・役職に関係なく発揮できるリーダーシップの涵養」を目的とする。

　権限・役職に関係なく発揮できるリーダーシップは，入社後の新入社員のうちから発揮できるものである。前章で述べた通り，ここでのリーダーシップとは，指示をする・引っ張るなどを意味するわけではない。マネジャーに限らず，新入社員であっても，その場の目標を達成するために，他者に対して影響力を発揮している状態は，まさにシェアド・リーダーシップが体現されている状況だと考えられる。シェアド・リーダーシップは，仕事内容が複雑で，変化の激しい環境において特に効果を示すことが指摘されている (石川 2016)。こうした

状況は，日本企業が現在，そして今後直面しうる環境と一致するものと考えられる。よって，本書におけるリーダーシップ教育では，役職や権限に関係なく全員がリーダーシップを発揮できることを目指す。

次に，効果的なリーダーシップを発揮するために必要な個人の能力・資質・行動について具体的に検討する。本書では，前章で述べた，先行研究において有効性が主張されている4つの要素をあげた。4つとは具体的に「リーダーシップの基礎理解」「倫理性・市民性」「自己理解」「専門知識・スキル」である。これが「リーダーシップ行動」を介して，影響力を発揮するモデルを想定した（図2-1）。[1]

この4つを選定した理由は，前章のリーダーシップ研究から，近年特に重視されている要素を抽出し，大学という文脈の中で，リーダーシップを学ぶ導入として最低限必要なものと考えられるからである。冒頭で述べたとおり，効果的なリーダーシップ教育をおこなうためには，これまでの「リーダーシップ研究」の知見との相互交流が鍵となる。また，企業と大学では文脈が異なるため，大学の中で特に必要な要素は何かを吟味する必要がある。日本の大学におけるリーダーシップ教育は，海外とは異なり，「導入段階」にある。これらを考慮したうえで，4つの要素を選定した。以下，それぞれの要素の説明と，選定理由について述べる。

1つ目の要素は「リーダーシップの基礎理解」である。リーダーシップの基礎理解とは，本書で示した新しいリーダーシップのあり方についての理解を深めることである。本書で示した新しいリーダーシップのあり方は，日本において，まだまだ一般的に理解されているとはいえない状況にある。詳細は第6章で述べるが，高校生や大学生が持つリーダーシップのイメージは「権限や役職にあるリーダーが，カリスマ性を活かし，責任感を持って，周りを引っ張ったり，まとめたりするもの」というものである。そのうえで，多くの人たちには

---

[1] 本書で示したモデル以外にはたとえば，ザッカロら（Zaccarro, Kmp & Bader 2004）らの「リーダー特性モデル」などがある。このモデルでは，リーダーシップ行動に対して「遠因特性」（認知スキルやパーソナリティ，動機・価値）と「近因特性」（社会的評価スキル，問題解決スキル，暗黙知）の2つが影響を与えるモデルを想定している。遠因特性は近因特性を介して，近因特性は直接行動に影響を与えるというものである。

表2-1 リーダーシップのイメージ

|  | 元々のイメージ | リーダーシップの理解 |
|---|---|---|
| 誰に | 一部（権限・役職） | 全員 |
| 学習可能か | 才能・カリスマ | 学習可能 |
| 行動の種類 | 「引っ張る」等に限定 | 「引っ張る」に限らず，聞く，引き出す等含む |

「自分とは関係のないもの，できない，向いていない」と考えている。

　日本の大学生にリーダーシップ教育をおこなうためには，**表2-1**に示したように，元々のリーダーシップのイメージから，リーダーシップは全員に必要なものであり，学習可能であるということ。そして，リーダーシップ行動とは必ずしも「引っ張る」などの行動に限定されないこと等を理解することが最初のステップになる。これらを理解することで，自分にもリーダーシップが発揮できる可能性に気がついたり，引っ張るなどに限定されない，さまざまなリーダーシップ行動をおこなえたりする可能性が高まる。アメリカのリーダーシップ教育においても，リーダーシップの基礎理解は，リーダーシップ教育の中で取り入れられる要素の1つである（泉谷・安野 2015）。よって，リーダーシップ教育の要素として，リーダーシップの基礎理解を取り上げた。

　2つ目の要素は「倫理性・市民性」である。日本においては，倫理性・市民性という概念はあまりなじみがないかもしれないが，リーダーシップの理論および教育において，これらは重要な概念である。まず，倫理性については，前章で述べたオーセンティック・リーダーシップや，サーバント・リーダーシップが特に関連するものである。オーセンティック・リーダーシップでは，高い倫理性を持ち，自らの内にある倫理基準に従って行動や意思決定をおこなうことがリーダーシップの発揮にとって重要な要素であった（Walumbwa et al. 2008）。また，サーバント・リーダーシップでは，リーダーシップの発揮において，自分自身の利益を超越して，フォロワーの成長や利益を重視するべきという考え方がベースとなっている（Greenleaf 1977）。このサーバント・リーダーシップの概念は，アメリカの大学教育の中でよく採用される理論枠組みの1つとなっている。

　倫理性・市民性は，企業・大学双方で重要な概念であるが，大学におけるリー

ダーシップ教育では特に強調される。アメリカの大学教育のなかで最も活用される リーダーシップ理論やモデル（具体的には「リーダーシップ社会変革モデル」「関係性 リーダーシップ」「サーバント・リーダーシップ」「リーダーシップ・チャレンジ」）に共通する点 の1つは「よりよい社会のための変化の創造」である（泉谷・安野 2015）。そのな かの1つ「関係性リーダーシップモデル」（Komives et al. 2013）においても，そ のモデルの構成要素に「倫理性・市民性」に関する視点を取り入れている。そ のうえで，「リーダーシップは社会的責任を持って実践されるものでなければな らない」としている。市民性（市民としての責任）とは「コミュニティのメンバー なら，コミュニティが機能し続け，より良くなるように，他者と協同する責任 がある」という姿勢のことを指している（Komives et al. 2013）。

このように，大学におけるリーダーシップ教育では，企業やビジネスの世界 でのリーダーシップという側面に限定されず，むしろ，社会をよりよいものに するといった側面の方が強調されるため，この要素は必須であると考えられる。 倫理性・市民性は効果的なリーダーシップを発揮するうえで重要なものである のに加え，リーダーシップを何のために発揮するのかという視点においても欠 かすことができない視点である。

3つ目の要素は「自己理解」である。これは前章におけるオーセンティック・ リーダーシップ，パーソナリティ・ベース・リーダーシップに関連する。オー センティック・リーダーシップでは，前述した倫理性とともに「自己認識」（自 分自身の強みや弱みを知り，自分の行動の他者へのインパクトを知ること）がリーダーシップを 発揮するうえで重要な要素としてあげられていた。また，パーソナリティ・ベー ス・リーダーシップの考え方では，自らの強みを影響力として発揮することが 重要である。このように，リーダーシップの影響力を高めるためには，すでに 効果的であることがわかっているリーダーシップ行動の枠組みを参照して実行 するだけでなく，自分自身についての理解を深め，自分らしいリーダーシップ を発揮することが重要になる。

大学生にとって，自己理解はリーダーシップに限らず，キャリア教育などに おいても重要な要素である。その一方で，自分自身で適切な自己理解をするこ とは難しいことも指摘されている（川喜多 2007）。このように，大学生に対する リーダーシップ教育では，企業という文脈以上に，適切な自己理解を促す環境

を構築する必要があると考えられる。アメリカにおけるリーダーシップ教育の教科書においても，自己理解は，1章分のページを費やす等，リーダーシップ教育に欠かせない要素の1つとなっている（Komives et al. 2013）。よって，本書においても，リーダーシップの影響力を高めるための要素として取り上げた。

4つ目の要素は「専門知識・スキル」である。これはリーダーシップを発揮する領域に関する知識や，論理的思考力などのことを指す。リーダーシップの影響力を高めるためには，当該領域における専門知識や，論理思考力がベースになると考えられる。たとえば，前章における影響力の源泉に関する研究においても，本人の専門性は重要な要素であることが指摘されていた（French & Raven 1959）。実際にビジネス場面におけるリーダーシップを発揮する際に，ビジネスに関する専門知識や，論理的に考える力がなければ，リーダーシップ行動の幅や，影響力の深さが変わってくると考えられる。企業におけるリーダーシップ教育においても，スキル・トレーニングは取り入れられており，物事を分析的に考える力や，社交的にかかわる能力などの育成がおこなわれている（McCauley et al. 2011）。大学生は，社会人と比べ，当該領域に対する知識や，論理的に考える力などが高いとは言えず，この点においてのトレーニングも必要であると考えられる。よって，本書におけるリーダーシップ教育に必要な要素として「専門知識・スキル」を取り入れた。

以上示した通り，本書では，近年注目されているリーダーシップ研究の重要な要素を抽出し，リーダーシップ教育の導入として，大学の文脈に合った4つの要素を取り上げた。この4つの構成要素を高めることで，効果的なリーダーシップ行動につながり，結果としてリーダーシップの影響力が高まることを想定している。

本書のリーダーシップの定義から，リーダーシップ行動については，他者へ影響力を発揮していればすべてリーダーシップ行動ということができる。しかし，どのような行動でもリーダーシップ行動になると言われると，何をしてもよいかわからないということになる可能性がある。自分らしいリーダーシップを発揮することは重要であるが，すでに実証されている効果的なリーダーシップ行動の枠組みを知ることは重要である。さらに，リーダーシップ教育の効果を検証するという視点からも，先行研究におけるリーダーシップ行動の枠組み

は参考になる。

　効果的なリーダーシップ行動について具体的に理解するうえで参考になるのは、「リーダーシップ・チャレンジ」のモデルである（Kouzes & Posner 2014）。このモデルは、アメリカの大学におけるリーダーシップ教育でよく採用されているモデルの1つである。リーダーシップ・チャレンジでは、調査をもとに効果的なリーダーシップ行動を5つの実践と10の原則にまとめている。5つの実践とは、①模範となる、②共通のビジョンを呼び起こす、③プロセスに挑戦する、④人々を行動にかりたてる、⑤心から励ます、である。

　日本のリーダーシップ教育では、日向野（2015）がこの枠組みを参考にしつつ、さらに限定して、リーダーシップの最小3要素という枠組みを提示している。この枠組みはいくつかの日本の大学や、高校の中で採用されている。日向野（2015）は、リーダーシップ行動において最低限必要な要素として「率先垂範」「同僚支援・環境整備」「目標設定・共有」の3つを示した。「最小」としてあるのは、これで十分というものではなく、最低限必要な要素という意味である。「率先垂範」とは、自分から動き、他者の模範となることである。たとえば「クラスの中で最初に発言する」などの行動をすることで、他者の模範となり、他者が発言しやすくなる雰囲気をつくる等があげられる。「同僚支援・環境整備」とは、個人やチーム全体が動きやすくなるように環境を整えることである。たとえば「メンバーが意見のいいやすい雰囲気をつくる」「メンバーの特徴に合わせた役割分担をする」等があげられる。「目標設定・共有」とは、チームのビジョンや目標を作り、チームメンバーに理解してもらうことを指す。たとえば、「クラスメンバーがワクワクするような目標を立てる」「なぜその目標が重要なのかをメンバーに伝える」等である。

　こうしたリーダーシップ行動の枠組みは、初学者がリーダーシップを実践するうえでわかりやすく、教育評価もおこないやすいという特徴がある。そこで、本書の事例の一部についても、この枠組みを用いて実践・評価をおこなっている。

## 2.3 本節のまとめ

　以上が本書におけるリーダーシップ教育の定義と教育目標である。本書ではリーダーシップ教育を「効果的なリーダーシップを発揮するために，個人の能力・資質・行動の向上を目指すこと」と定義した。そのうえで，具体的な要素として，「リーダーシップの基礎理解」「倫理性・市民性」「自己理解」「専門知識・スキル」の4つをあげた。本書における事例では，これらの要素を検討したうえで，リーダーシップ教育の実践と評価をおこなっている。

　次に，具体的にこれらの要素について，どのような手法を用いて開発をするのかについて，背景理論をもとに検討をおこなう。

# 3 リーダーシップ教育の手法と背景理論

## 3.1 リーダーシップ教育の枠組み

　前節では，本書におけるリーダーシップの教育目標について示した。本節では，この教育目標を達成するために，具体的にどのような教育手法を採用するべきかについて，背景となる理論を含め検討をおこなう。最初に，企業におけるリーダーシップ開発の枠組みについて概観し，そのうえで，大学におけるリーダーシップ教育の枠組みを示す。

　ヤックル (Yukl 2013) は，企業におけるリーダーシップ開発の枠組みを3つに分類している。

　①**公式のトレーニング**：研修など限られた時間でのトレーニング
　②**開発活動**：仕事の中での活動を活かしたリーダーシップ開発

③**セルフアクティビティ**：本を読むなど，自分自身でリーダーシップを開発する
　行動

　「公式のトレーニング」とは，現場から離れた場所で実施する，いわゆる研修
形式のトレーニング・プログラムのことを指す。プログラムは，短いワーク
ショップ形式のものから，長期的に実施するものまである。トレーニングの教
育目標は，知識，行動，態度，スキルなどさまざまである。これらを身につけ
るために，講義，ディスカッション，ロールプレイ，行動のモデリング，ケー
スの分析，シミュレーションなどの方法が活用されている。
　次の「開発活動」とは，さきほどのトレーニングとは異なり「仕事の中の経
験」を通して，リーダーシップ開発をおこなおうとするのが特徴である。具体
的な手法の一部については**表2-2**にまとめた。その背景には経験学習論がもとと
なっている。経験学習論について，次節で詳細を述べるが，この理論では学習
者が現場から離れて抽象的な知識を得ることではなく，直接的かつ具体的な経
験から学びを深めることを重視したアプローチである。
　最後の「セルフアクティビティ」とは，自ら自分のリーダーシップを開発し
ようとする行動である。たとえば，キャリアビジョンを明確にする，適切なメ
ンターを探す，挑戦的な仕事の機会を探す，適切なフィードバックを探す，な
どの行動があげられている（Yukl 2013）。このように企業においては，リーダー
シップ開発は大きくこの3つの枠組みに分かれており，これらを必要に応じて，
使い分けている。
　この枠組みを参照しながら，大学におけるリーダーシップ教育の枠組みにつ

**表2-2 発達的活動の一部**

| 手法 | 概要説明 |
| --- | --- |
| 360度フィードバック | 自分のリーダーシップ行動について，上司・同僚・部下などからフィードバックをもらう手法 |
| メンタリング | 経験のある先輩などがメンターとなり，若手のメンティを支援する手法 |
| 仕事の割り当て | リーダーシップの開発につながるような仕事を割り当てる手法 |
| エグゼクティブコーチング | 質問を活用した一対一の対話によってリーダーシップを開発する手法 |

**図2-2 本書におけるリーダーシップ教育の手法について**

いて整理したのが図2-2である。本書では，リーダーシップ教育の枠組みを，

①知識・スキル型
②経験学習型

の2つに分類した[※2]。この2つは，企業の枠組みにおける「公式のトレーニング」と「開発活動」の枠組みをもとに，「何によってリーダーシップを学ぶのか」という視点から分けている。

①の「知識・スキル型」については，その名の通り，リーダーシップに関する理論的な知識や，論理思考やコミュニケーションのスキルなどについて学ぶものである。こちらは必ずしも現場の直接経験から学ぶ必要はなく，教室におけるトレーニングにおいて学ぶことができる手法といえる。これらはリーダーシップの教育目標である「専門知識・スキル」を学ぶうえで特に有効なアプローチだといえる。また，「リーダーシップの基礎知識」についても，活用できる枠組みである。

②の「経験学習型」は，経験をもとにリーダーシップを学ぶアプローチである。こちらの枠組みでは，現場から離れて学ぶのではなく，実際にリーダーシッ

---

※2 本書では，リーダーシップ教育としてどのように授業をおこなうかを検討しているため，企業における「セルフアクティビティ」については，そのモデルから除外した。

プ行動をおこなったうえで，その行動について振り返るというアプローチのものである。こちらのアプローチには，学生がリーダーシップを発揮する経験そのものを教育者が用意する「経験構築型」と，学生がリーダーシップを発揮している場面を活用し，その場の振り返りの機会のみを用意する「経験活用型」の2種類に分けられると考えられる。

経験学習型のアプローチでは，実際の経験を伴って学ぶため，①新しいリーダーシップの考え方を体感できる（リーダーシップの基礎理解），②グループワークをする中で自分らしいリーダーシップとは何かを知る（自己理解），③自分がよくなるだけでなくグループやグループメンバーのために何ができるかを考える（倫理性・市民性），④実践を通して専門知識やスキルを獲得する（専門知識・スキル），などの効果が期待できる。

リーダーシップ開発においては，経験学習型アプローチは1つの大きな潮流をなしている。また，実際に大学におけるリーダーシップ教育においても，経験学習型アプローチがとられることが多い。そこで，次節では，その背景となる経験学習について説明する。


## 3.2 経験学習とは

経験を学習の源泉として捉える考え方は，20世紀初頭に出てきた考え方である。アメリカのジョン・デューイが祖とされる。デューイは，学習における経験の重要性に着目し，当時の伝統的な教育のあり方を批判した。デューイが批判した伝統的な教育のあり方とは，「日常から切り離された環境」で「抽象的な記号やルール」を一方的に注入するというものである。こうした「学習の脱文脈性」や「受け身的な態度」に対するアンチテーゼとして，彼独自の学習論を提案した。のちにこれらがコルブ（Kolb 1984）によって概念化され，経験学習（Experiential learning）として，社会に流通する。本書では，以降，この考え方を経験学習と呼称する。

経験学習においては，①相互作用の原理，②連続性の原理，という2つが重要になる。相互作用の原理とは，学習者となる主体が環境に対して主体的に働

きかけることである。これをデューイは経験と捉えた。連続性の原理とは，経験は単一のものではなく，現在の経験が後続の経験に影響を与えるというように，経験間は相互に影響を与えている。このように，デューイは，学習において学習者の生活経験を重視し，主体が環境に働きかけること，そして，その経験の連続性に着目したのである。

　経験を学習に結びつけるためには，経験のみではなく「内省（振り返り）」が必要になる。これをデューイは「反省的思考」と表現している。デューイにとっての学習とは，「学習者の日常の生活経験の範囲内にある材料から引き出されるもの」であり，「学習者自身の反省的思考によって，学習者の内面で新たな考え方が形成され，獲得された新しい経験や考え方が，その後の経験の基礎としてつながっていくようなあり方」を理想としたのである（中原 2012）。

　こうしたデューイの考え方を，経営学の文脈に落とし込み，実践者にも理解しやすいかたちで導入したのがデイビット・コルブである。コルブは，デューイの経験と学習の関係を，「活動－内省」「経験－抽象」という2軸から捉え直し，循環を想定したモデルを構築した。これがコルブの経験学習サイクルである（**図2-3**）。経験学習のサイクルについて以下に説明する。

　「具体的経験」とは，学習者が環境に働きかけることによる相互作用のことを指す。これはデューイの経験の概念と一致するものである。また，経験学習サイクルは具体的経験からはじまり，循環してまた具体的経験へと戻ってくる。このように，経験が後続の経験を呼び，相互に影響し合うという点で，連続性の原理が内包されている。

　「内省的観察」とは，「ある個人がいったん実践・事業・仕事現場を離れ，自らの行為・経験・出来事の意味を，俯瞰的な観点，多様な観点から振り返ること，意味づけること」である（中原 2012）。経験を学習に結びつけるためには，「活動」のレベルだけでとどまってはいけない。自らの経験をメタに見ることを通して，はじめて学びにつながるのである。

　「抽象的概念化」とは，自らの経験を一般化，概念化，抽象化し，他の状況でも応用可能な知識・ルール・スキーマやルーチンを自らつくりあげることである（中原 2013）。具体的な経験から内省をおこなったうえで，そこからさらにもう一段上の知識・ルール・スキーマを構築することが重要である。

図2-3 コルブの経験学習サイクル（Kolb 1984）

　「能動的実験」とは、これらをもとにあらためて実践することである。経験学習において重要なことは、経験の連続性である。経験を抽象化して終わりにするのではなく、その抽象化したルールを用いて、新たな実践をおこなうことで、さらなる学びへとつながるのである。

　以上が、コルブの経験学習サイクルである。コルブの経験学習サイクルは、実践者にもわかりやすく、リーダーシップ教育の枠組みとしても理解しやすいものである。リーダーシップ教育において、学習者がリーダーシップを実践する「経験の機会」を作り出すだけでなく、「経験の内省」の機会をデザインすることの重要性を示すものである。

　ただし、「経験の内省」については、コルブの経験学習サイクルの限界もある。コルブのモデルは、社会的要因の考慮がなされていないという批判がある（Kayes 2002など）。内省とは、個人の経験に対する多様な視点からの意味づけの過程であり、この過程は個人に閉じた活動にするよりも、むしろ他者とかかわることで、さまざまな解釈が生み出されうる。このように、近年では、「他者に開かれ

た内省」「他者との対話に埋め込まれた内省」の重要性が指摘されている（中原・
金井 2009）。

## 3.3 リーダーシップ開発と経験学習

　ここまで述べてきた経験学習に関する研究は，リーダーシップ教育に限定された内容ではなく，さまざまな教育・学習場面を想定したものである。以下では，リーダーシップの文脈における経験からの学習に関する研究群について述べる。

　リーダーシップ開発における経験の重要性を示した中心人物は，モーガン・マッコールである。マッコールは，リーダーシップ教育が「日常の仕事を離れ，教室・研修室でおこなわれる傾向があったこと」を批判した（中原 2013）。また，リーダーシップを「天賦の才能」と捉え，学習可能なものとして取り扱ってこなかったことに対しても同時に批判をおこなった（McCall 1988; Yukl 2013）。つまり，マッコールの主張は，「リーダーシップは学習可能なものであり，それは研修室ではなく，現場の業務体験の中で発達する」というものである。

　マッコールはその主張を裏付けるために，リーダーシップの経験に関する一連の研究をおこなっている。具体的には，マネジャー（上級役員）を対象に，自らが飛躍的に成長した経験を尋ね，共通する特徴を抽出しようとするというものである。その結果，「最初の管理職の経験」や「ゼロからの立ち上げ経験」や，いわゆる「修羅場体験」などがリーダーシップの涵養に影響を与えていることを示した。そのうえで，リーダーシップ開発を事業戦略とリンクさせ，経験を支援するためのメンタリングなどの必要性を示した（McCall 1998）。日本においても，金井（2002）が，同様の研究をおこない，「一皮むけた経験」の特徴を抽出している。この研究においても，「初期の仕事経験」や「人事異動にともなう不慣れな仕事」などが成長に影響を与えることを示している。

　これらの研究群がもととなり，リーダーシップは学習可能なものであり，リーダーシップを向上させるためには，研究室などでのトレーニングだけでなく，仕事の直接経験が重要であるという認識が広がった。また，ここでの経験は，デュー

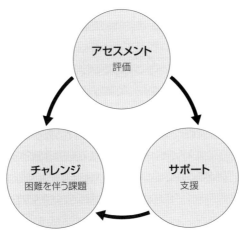

**図2-4 成長を促す経験**（松尾 2013; Day 2001; McCauley et al. 1998）

イやコルブの議論とは異なり，一般的に困難でハードな経験（失敗も含む）が想定されているのも特徴である。

　こうした一連の研究をもとに，アメリカのリーダーシップ開発研究の中心的役割を担っているのが，Center for Creative Leadership（CCL）である。CCLでは，経験からの学習をもとに，リーダーシップ開発に必要な要素について整理している。その要素は具体的に3つの要素からなる（**図2-4**）。

　「チャレンジ」とは自分の能力を広げることが必要になるような課題を経験することを指す。具体的には，日常とは異なる困難な課題や，意思決定が必要になる経験である。もちろん困難な課題であれば失敗することはあるが，初期の失敗経験は学びにつながるものとして捉えられている。また，困難な経験だけでなく，経験の多様性（バリエーション）も重要になる。新しい状況に対して対応することは，リーダーシップ開発の機会となる。これらに対応する企業の事例としては「役員層への提言が求められるプロジェクト・チーム」や「新しい仕事の割り当て」などがあげられている（McCauley 1998）。国内の大学教育の実践では「チャレンジ」に当たるものとして「産学連携型のプロジェクト型学習」が取り入れられるケースが多い（日向野 2013）。

　次に，「アセスメント」とは，自分の置かれている状況や，リーダーシップに

おける強みなどを知る機会 (情報ソース) を得ることである。たとえば，自分の
リーダーシップ行動について，上司・同僚・部下からフィードバックをもらう
「360度フィードバック」などの方法がある。360度フィードバックは，リー
ダーシップを開発する手法として，よく活用される方法である (Yukl 2013など)。
360度フィードバックをおこなう前提は，多くのマネジャーは自分の能力や行
動を自分では把握できておらず，自己と他者で認識の相違があるということで
ある。この相違を乗り越えていくことで，効果的なリーダーシップを発揮でき
るようになることが期待されている (Yukl 2013)。具体的には，最初に共通の質
問票を用意し，それを，自分を含めさまざまな立場の人に回答してもらう。そ
の結果，自己評価と他者評価のズレが大きいものに着目し，認識のギャップを
埋めていくようにするものである。このように，チャレンジを伴う経験をする
だけでなく，その経験についての，他者からのフィードバックなどが学習の大
きなリソースとなる。

　「サポート」とは，チャレンジやアセスメントをする学習者を支援することで
ある。企業における具体的な手法としては，メンタリング制度などがあげられ
る (McCauley 1998; Yukl 2013など)。メンタリングとは，仕事の経験がある先輩や
マネジャーがメンターと経験の浅いメンティの垂直関係間に結ばれる発達支援
関係のことである (Kram 2003)。メンタリングの機能は，「キャリア的機能」(組
織階層の上昇の支援)，「心理・社会的機能」(自己の価値を築くための支援) にわかれる
(Kram 2003)。メンタリングが適切におこなわれることで，「チャレンジ」とな
る経験を適切に支援し，「アセスメント」として適切なフィードバックをおこな
うなどの効果が期待できる。

　以上示した通り，経験学習の考え方は「経験」と「内省」の2つの要素が重
要になる。リーダーシップ教育においても，その考え方がもととなり，リーダー
シップを発揮するためのチャレンジの経験や，その経験を学びにかえるための
アセスメントやサポートが重要な要素としてあげられている。

　次節では，これらの先行研究をもとに，経験学習型アプローチによるリーダー
シップ教育の枠組みについてあらためて整理をする。

## 3.4 経験学習型アプローチによるリーダーシップ教育

　本節では，前節の内容をもとに，経験学習型アプローチによるリーダーシップ教育の枠組みについて説明する。授業デザインの指針は2つの視点からなる。1つ目は「リーダーシップを発揮する環境作り」，2つ目は「リーダーシップの向上につなげるための仕組み作り」である。それぞれについて以下に説明する。

　1つ目の「リーダーシップを発揮する環境作り（経験の場のデザイン）」とは，その名の通り，大学生がリーダーシップを発揮する場を作ることである。前述した通り，リーダーシップを向上させるためには，実際にリーダーシップの発揮が必要となるような経験が重要である。よって，その場をデザインすることが最初のステップとなる。先行研究をもとにすると，リーダーシップを向上させるための経験には，難易度の設定が重要である。簡単な課題ではなく，努力することで乗り越えられるような「困難を伴う課題」である必要がある。また，新たな学習をしなくてはならないような，「新規な経験」も有効であることが示されていた。

　大学におけるリーダーシップ教育においては，こうしたリーダーシップを発揮するための経験を，「産学連携のプロジェクト」などで用意する「経験構築型」と，元々ある部活動などの体験や過去のリーダーシップ体験に対して，「内省」の要素のみをデザインする「経験活用型」の2つの支援が考えられる。

　2つ目の「リーダーシップの向上につなげるための仕組み作り」とは，リーダーシップの経験を学習に結びつけるためのデザインである。前述した通り，リーダーシップの向上において経験は重要な要素であるが，経験だけでは学習に結びつかない。リーダーシップの向上につなげるための仕組み作りは，①プログラムの設計，②制度の設計，という2つのアプローチが考えられる。

　最初に，プログラムの設計について述べる。経験を学びにつなげるためには「内省」が必要になる。よって，授業のプログラムにおいても，リーダーシップを発揮する経験（課題解決のためのグループワークなど）をする時間だけでなく，自分のリーダーシップ行動を振り返る時間が必要になる。また，振り返りにおいては，自分で自分の行動を振り返るだけでなく，他者とともに振り返ることの重要性が示されていた（中原・金井 2009）。前述した「成長を促す経験」の要素にお

いても「アセスメント」は重要な要素であった。このように，よりよい内省をするためには，他者からのフィードバックをもらう等，他者とともに内省をおこなう時間が必要になる。このような考え方から，プログラムの設計においては「内省」と「相互にフィードバックをおこなう時間」が重要になる。

　これらの活動は，「リーダーシップの経験をした後」におこなうものである。しかし，これらの有効性を高めるためには，「経験をおこなう前」の準備が必要となる。リーダーシップ行動をおこなう前の準備とは，具体的には「リーダーシップについての持論（仮説）を立てること」や，「リーダーシップの目標を立てること」があげられる。

　リーダーシップの持論とは「効果的なリーダーシップを発揮するために必要なのは○○である」などの文章で表現できる，自分なりのリーダーシップに関する考え方である（金井 2005; 石川 2016）。また，リーダーシップの目標とは，「このグループワークでは○○という行動を意識して行動する」といったより具体的な目標のことを指す。リーダーシップ行動をする前に，これらの「持論」や「目標」を立てることによって，それらがリーダーシップにおける一種の仮説となり，行動の指針，そして振り返りの視点となる。また，これは自分自身で内省をおこなうだけでなく，他者からフィードバックをおこなう際にも有効である。自分の行動を振り返る際に，何も視点がなくては，何をどう振り返ってよいのかがわからない。事前に仮説や目標を立てることで，振り返りの視点が明確化する。また，「相互フィードバック」においても，相手がどのような仮説や目標を立てていたがわかれば，そのような視点から的確なフィードバックをおこなうことが可能になる。以上示した通り，リーダーシップの経験を，リーダーシップの向上に結びつけるためには，「事前に仮説や目標を立てる時間を設けること」「事後に相互フィードバックや振り返りの時間を設けること」の2つが重要になる。

　次に2つ目のリーダーシップの向上につなげるための「制度の設計」について述べる。経験をリーダーシップの成長に結びつけるためには，プログラムだけでなく，それを支える制度を設計することが重要になる。企業における事例においても「サポート」は重要な要素であり，メンタリングの導入などがその例としてあげられていた。サポートの仕組を取り入れることで，困難な課題

にも立ち向かうことができ，アセスメントの活動も支援することができる。

　これを大学教育の文脈におきかえると，SA（Student Assistant）制度の活用が関連するものだと考えられる。一般的に大学の授業は少人数型の授業であっても2～3名ということはなく，少なくても10～20名の学生がいるだろう。この学生一人ひとりの経験および，振り返りの支援を教員1人でおこなうことは難しい。そこで，SA制度などを取り入れることで，企業におけるメンター制度のように，困難な経験に立ち向かうための支援や，振り返りや相互フィードバックの活動の支援をおこなうことができると考えられる。このように，プログラムの設計をおこなうだけでなく，プログラムを効果的にするための「仕組みの導入」をすることもリーダーシップ教育を成功させる要因として重要である。

## 3.5 本節のまとめ

　本節では，リーダーシップ教育の手法と背景理論についてまとめ，大学におけるリーダーシップ教育の枠組みを示した。本書では，大学におけるリーダーシップ教育の枠組みを，①知識・スキル型，②経験学習型，の2つに分類した。これらの2つはいずれも重要である。よって，リーダーシップ教育とは1つの授業で完結するものではなく，授業間のつながりも含めたカリキュラムのデザインが重要になる。

　日本の大学教育においては，リーダーシップを発揮する経験をとったことのない大学生も多くいることが想定され，まず経験学習型のプログラムを体験することが最初のステップになると考えられる。

　経験学習型のプログラムをデザインするためには，①リーダーシップを発揮する環境作り（経験のデザイン），②リーダーシップの向上につなげるための仕組み作り，の2点が必要になる。リーダーシップを発揮する環境としては，「困難を伴う課題」や「新規な経験」が望ましいといえる。この経験をリーダーシップの向上につなげるためには，プログラムにおいて「事前のリーダーシップ仮説・目標設定」「事後の振り返り・相互フィードバック」の活動を取り入れることが重要である。また，制度面においては，SA制度を活用するなどして，課題に

取り組む部分での支援や，内省の支援をすることの重要性を示した。

　このようにリーダーシップ教育においてデザインする範囲は非常に広い。よって，教員が個人ですべてを設計するだけでなく，さまざまな人との協同が必要となるケースも多い。その中では，リーダーシップ教育をおこなう側のリーダーシップが求められることになる。また，授業においても，そのクラスの一員であるという意味では，教員であっても権限や役職にかかわらず，リーダーシップを発揮する必要がある。本書では，ここで示したような，リーダーシップ教育をおこなう運営主体がどのようにリーダーシップを発揮し，授業作りをおこなっているかという点においても各事例で紹介する。


# 4 本書の研究事例の位置づけ


　最後に，本章で示したリーダーシップ教育の枠組みをもとに，各章の研究事例の概要を説明する。

　舘野泰一による第3章は，大学におけるリーダーシップ教育の事例として，立教大学経営学部BLPの事例を取り上げる。立教大学経営学部BLPは，国内でいち早くリーダーシップ教育に取り組み，学部単位で大規模なリーダーシップ教育を展開している。本章で示した枠組みをもとに，BLPのカリキュラム構造などについて説明する。そのうえで，経験学習型のアプローチを取り入れて実施している「リーダーシップ入門（BL0）」の教育効果について検証をおこなう。

　中原淳による第4章は，企業におけるリーダーシップ開発の事例として，北海道の美瑛町のアクション・ラーニングの事例を取り上げる。企業におけるリーダーシップ開発の先進的な事例は，大学におけるリーダーシップ教育の特徴を捉える補助線となる。この事例も経験学習型のアプローチを取り入れたものである。さまざまな企業の次世代リーダーが，地域の問題解決という「経験」と，相互のフィードバック・振り返りという「内省」を通して，リーダーシップの

向上を目指す。実践の詳細と教育効果について示すものである。

　第5章以降は「リーダーシップ教育の展望」である。ここでは，リーダーシップ教育の萌芽的な実践を取り扱う。第3章・第4章と比べると，教育効果の検証ははじまったばかりであるが，現在まさにリーダーシップ教育を導入している事例であり，今後リーダーシップ教育を取り入れるうえで意義のある視点が得られる。具体的には，大学教育への展開，高校教育への展開，という2つの事例を取り扱う。

　日向野幹也による第5章は，大学のリーダーシップ教育の事例として，早稲田大学の事例を取り扱う。早稲田大学では，いままさにリーダーシップ教育を取り入れ実践している最中である。立教大学と異なる点は，学部単位のプログラムではなく，全学を対象にしたプログラムという点である。リーダーシップ教育を新たに導入する際に，具体的にどのような実践をおこない，どのような点がハードルとなるのかなどについて取り扱った章である。

　舘野泰一・高橋俊之による第6章は，高校におけるリーダーシップ教育の事例を取り扱う。リーダーシップ教育は大学でも始まったばかりであるが，近年高校教育の中でも少しずつ注目が集まってきている。第6章では，最初に高校生を対象にした「リーダーシップについて学ぶ導入ワークショップ」の実践について説明し，その効果について報告する。次に，中高一貫校の事例をもとに，組織の中で新たなにリーダーシップ教育を取り入れていくために，どのようなステップが必要なのかについて検討する。

　以上が本書の事例の位置づけである。それでは，次章から具体的な実践と評価について説明していく。

---

## 参考文献

中央教育審議会（2008）学士課程教育の構築に向けて（答申）．(Retrieved January 28, 2017, from http://www.mext.go.jp/b_menu/shingi/chukyo/chukyo0/toushin/1217067.htm).

Day, D. V. (2001) Leadership development: A review in context. *The Leadership Quarterly*. Vol.11 No.4 pp.211-223.

Day, D. V., Fleenor, J. W., Atwater, L. E., Sturm, R. E. & McKee, R. A. (2014) Advances in leader and leadership development: A review of 25 years of research and theory. *The Leadership Quarterly*. Vol.25 No.1 pp.63-82.

Day, D. V., Harrison, M. M. & Halpin, S. M.（2009）*An integrative theory of leadership development: Connecting adult development, identity, and expertise.* Psychology Press.

French, J. R. P., Jr & Raven, B. H.（1959）The bases of social power. D. Cartwright（ed.）*Studies in social power.* Institute for Social Research.

Greenleaf, R. K.（1977）*Servant leadership: A journey into the nature of legitimate power and greatness.* Paulist Press.

日向野幹也（2013）大学教育アントレプレナーシップ：新時代のリーダーシップの涵養. ナカニシヤ出版.

日向野幹也（2015）新しいリーダーシップ教育とディープ・アクティブラーニング. 松下佳代・京都大学高等教育研究開発推進センター（編）ディープ・アクティブラーニング：大学授業を深化させるために. 勁草書房. pp.241-260.

石川淳（2016）シェアド・リーダーシップ：チーム全員の影響力が職場を強くする. 中央経済社.

泉谷道子・安野舞子（2015）大学におけるリーダーシップ・プログラムの開発に関する考察：米国の事例を手がかりに. 大学教育研究ジャーナル. Vol.12 pp.38-47.

金井壽宏（2002）仕事で「一皮むける」. 光文社新書.

金井壽宏（2005）リーダーシップ入門. 日本経済新聞社.

金井壽宏・守島基博（2009）漸成説からみた早期よりのリーダーシップ発達：教育・人事制度への含意. 組織科学. Vol.43 No.2 pp.51-64.

川喜多喬（2007）学生へのキャリア支援：期待と危惧と. 上西充子（編）大学におけるキャリア支援：その動向. 経営書院. p.198.

Kayes, D. C.（2002）Experiential learning and its crisis: Preserving the role of experience in management learning and education. *Academy of Management Learning & Education*. Vol.1 No.2 pp.137-149.

経済産業省（2006）社会人基礎力.（Retrieved January 28, 2017, from http://www.meti.go.jp/policy/kisoryoku/）.

Kolb, D. A.（1984）*Experiential learning: Experience as the source of learning and development.* Prentice Hall.

Komives, S. R., Lucas, N. & McMahon, T. R.（2013）日向野幹也（監訳）・泉谷道子・丸山智子・安野舞子（訳）（2017）リーダーシップの探求 変化をもたらす理論と実践. 早稲田大学出版部.

Kouzes, J. M. & Posner, B. Z.（2012）金井壽宏（監訳）・関美和（訳）（2014）リーダーシップ・チャレンジ［原書第五版］. 海と月社.

Kram, K. E.（1988）渡辺直登・伊藤知子（訳）（2003）メンタリング：会社の中の発達支援関係. 白桃書房.

松尾睦（2013）成長する管理職：優れたマネージャーはいかに経験から学んでいるのか. 東洋経済新報社.

McCall, M. W.（1988）*High flyers: Developing the next generation of leaders.* Harvard Bussiness Press.

McCauley, C. D., Moxley, R. S. & Velor, E. V.（2010）金井壽宏（監訳）・島村伸明・リクルート組織行動研究所（訳）（2011）リーダーシップ開発ハンドブック：The Center for Creative Leadership: CCL. 白

桃書房.

森永雄太（2012）階層型組織におけるリーダーシップ開発に対するセルフリーダーシップ論の貢献. 立教ビジネスレビュー. Vol.5 pp.9-17.

Murphy, S. E. & Johnson, S. K.（2011）The benefits of a long-lens approach to leader development: Understanding the seeds of leadership. *The Leadership Quarterly*. Vol.22 No.3 pp.459-470.

中原淳（2012）経営学習論：人材育成を科学する. 東京大学出版会.

中原淳（2013）経験学習の理論的系譜と研究動向. 日本労働研究雑誌. No.639 pp.4-14.

中原淳・金井壽宏（2009）リフレクティブ・マネージャー：一流はつねに内省する. 光文社新書.

舘野泰一（2017）大学生のリーダーシップ開発. 中原淳（編）人材開発研究大全. 東京大学出版会. pp.97-121.

舘野泰一・中原淳（2017）企業の視点からみた「大学時代の経験の効果」. 中原淳（編）人材開発研究大全. 東京大学出版会. pp.59-96.

Walumbwa, F. O., Avolio, B. J., Gardner, W. L., Wernsing, T. S. & Peterson, S. J.（2008）Authentic leadership: Development and validation of a theory-based measure. *Journal of Management*. Vol.34 No.1 pp.89-126.

Yukl, G.（2013）*Leadership in organizations global edition*. Pearson Education Limited.

Zaccaro, S., Kemp, C. & Bader, P.（2004）Leader traits and attributes. J. Antonakis, A. Cianciolo & R. Sternberg（Eds.）The nature of leadership. Sage Publications.

# 第 2 部
## リーダーシップ教育の事例研究

*Research on the latest Leadership Education*

# 第3章 大学における リーダーシップ教育の事例

舘野泰一

　本章では，大学におけるリーダーシップ教育の事例として，立教大学経営学部BLP（Business Leadership Program）を取り上げる。BLPは国内でいち早くリーダーシップ教育を取り入れ，学部単位で大規模に授業を展開している。本章の目的は，BLPの事例をもとに，リーダーシップ教育の具体的な授業設計と，効果の検証について検討することである。

　本章の構成について述べる。最初にBLPのカリキュラムがどのように設計されているかについて説明する。次に，その中の授業の1つである「リーダーシップ入門（BL0）」を取り上げ，授業の設計指針と効果検証の結果について報告する。BL0は，BLPの導入科目であり，最も規模の大きい授業である。具体的には，経営学部の1年生約400名が，18クラスに分かれて春学期に必ず受講する授業である。授業は経験学習型のアプローチで，産学連携型のPBL（Project-Based Learning）の形式で進められる。この授業の前後で，効果的なリーダーシップ行動がとれるようになったのかについて報告する。

　最後に，BLPの授業運営体制について説明する。経験学習型アプローチの授業を大規模に展開するためには，授業運営側のチームをどのように構築していくかが鍵となる。また，規模にかかわらず，授業運営チームのリーダーシップは，授業を受けている受講生に対して少なからず影響を与える。そこで，本章では，具体的な授業の運営体制や，SA（Student Assistant）をはじめとした学生スタッフの活用などについて説明する。

82

# 1 はじめに

## 1.1 社会背景

前章で述べた通り，近年大学におけるリーダーシップ教育の重要性が高まっている。その背景には，企業・大学双方の変化があげられる。まず企業では，企業間競争の激化やグローバル化の影響を受けて，より即戦力を求める状況となっている。よって「企業に入ってから，一から人を育てる」という発想から，「即戦力になる人を採用して育成する」という流れに変化してきている。こうした変化によって，企業では「大学時代にどのような経験をしてきたのか」についてより注目するようになってきている（舘野・中原 2017）。

リーダーシップの経験はその中でも注目されるものの1つである。近年の企業のリーダーシップ開発は「なるべく早く，そして全員に」というものに変わりつつある（舘野 2017a）。企業では，管理職になってからリーダーシップ開発をおこなうのではなく，なるべく早い段階で，多くの人たちにリーダーシップが求められる環境にある。研究知見としても，効果的なリーダーシップを発揮するために「リーダーシップの早期学習経験」が重要であることは示されており（Murphy & Johnson 2011），大学時代のリーダーシップ教育を受けた経験を持つことの重要性が高まっている。

一方，大学においても，近年の大学教育改革の成果によって，講義型の授業だけでなく，PBL（Project-Based Learning）やインターンシップなど，さまざまな授業形式が導入されている。これにより，大学生がリーダーシップを育む経験を得る機会が増えつつある。また，リーダーシップは「学士力」（中央教育審議会 2008）や「社会人基礎力」（経済産業省 2006）の中でも重要性が示唆されており，今後も大学においてリーダーシップの涵養を目的としたプログラムは増えていく可能性が高い。以上示したように，企業・大学双方における変化から，大学でのリーダーシップ教育の重要性は日に日に増している状況にある。

## 1.2 大学におけるリーダーシップ教育

　国内のリーダーシップ教育はまだ導入が始まったばかりであるが，アメリカではすでに大学においてリーダーシップ教育が定着している。泉谷・安野 (2015) は，アメリカのリーダーシップ教育の現状を詳細に報告している。現在の日本との違いは，主に2点あげられる。1点目はアメリカの大学では，正課内・外問わずリーダーシップ教育が多くの大学に導入されている，2点目はアメリカのリーダーシップ教育では「市民性」などを重視している，という点である。アメリカの大学では，リーダーシップ教育は，必ずしも経営学 (ビジネス) などと関連しているわけではない。学生部が主催するプログラムなど，単位の有無に限らず，幅広いかたちでリーダーシップ教育がおこなわれている。また，これに関連して，「市民性」などが重要な概念として位置付いている (これについては前章においても詳細を示した)。現在の日本のリーダーシップ教育は，企業の変化への対応という文脈や，ビジネスという文脈 (経営学部での実践) が語られるが，アメリカの大学におけるリーダーシップ教育は，必ずしもそのような文脈で語られるものでないのが特徴である。

　現在，日本の大学におけるリーダーシップ教育の実践は，立教大学をはじめ，早稲田大学，愛媛大学，國學院大學などで導入されている。現時点での数は多くないが，徐々に拡大傾向が見られる。たとえば，すでにリーダーシップ教育を導入している立教大学では，経営学部のBLPではじまったプログラムを，全学部の学生が受講できるGLP (Global Leadership Program) として拡大してきている (GLPの詳細は章末のコラム参照)。また，本章で事例を紹介する早稲田大学においても，徐々に開講科目を増やしてきている。さらに，現在導入をしていない大学においても，先行する事例を参考にしながら，新たにリーダーシップ教育を取り入れようとする動きが見られる。このように，日本の中でも徐々にリーダーシップ教育が広がりつつある。

　本章では，これからの日本のリーダーシップ教育の枠組みを検討するために，現在すでに大規模にリーダーシップ教育を実践している立教大学経営学部BLPの事例をもとに，授業の設計指針の検討と，効果検証をおこなった。日本においては，リーダーシップ教育の実践が少ないだけでなく，リーダーシップ教育

の効果検証に関する研究もほとんどおこなわれていない。BLPは受講生の数も多いため，効果検証をするうえでも大きな意義を持つ。今回の分析は萌芽的な研究ではあるが，今後のリーダーシップ教育の方向性を検討するうえで重要な視座になりうる。

　本章では，BLPの授業運営の体制ついても具体的に紹介する。リーダーシップ教育をおこなううえで，授業運営チームをどのように構築するかは重要である。これらをもとに，今後の日本の大学におけるリーダーシップ教育のあり方について展望を示す。

# 2 立教大学経営学部BLPの事例

## 2.1 BLPのカリキュラム

　最初に立教大学経営学部BLPの概要を説明する。BLPは日本の大学で最も大規模にリーダーシップ開発プログラムを実施し，成果を上げている。BLPは2006年の経営学部開設とともに設置され，経営学部経営学科のコアカリキュラムである。BLPのプログラムは文部科学省の教育GP（2008～2010）において「特に優れた波及効果が見込まれる取り組み」に認定されている。また，教育再生実行会議の第7次提言（2015年5月14日）においても，大学におけるアクティブ・ラーニングの先進事例として唯一紹介されている。

　BLPの教育目標は「権限がなくても発揮できるリーダーシップの涵養」である。これは本書で示したリーダーシップの定義と同様に，権限・役職がなくても影響力が発揮できるという考えのもと設定している。BLPのカリキュラムの全体像は図3-1で示した。授業は大きく「プロジェクト実行」と「スキル強化」に分かれており，それぞれ春学期・秋学期に実施している。「プロジェクト実行」は，本書における経験学習型アプローチ，「スキル強化」は知識・スキル型

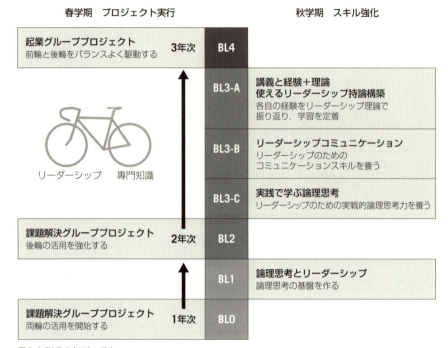

図3-1 BLPのカリキュラム

アプローチに相当する。BLPのカリキュラムでは，最初に経験学習型アプローチの授業を受けて，リーダーシップに関する経験をし，そのうえで，知識・スキル型アプローチの授業を受けることで，足りない知識・スキルを身につけるという全体設計になっている。

具体的な授業の概要について説明する。最初に受講するのが「リーダーシップ入門（BL0）」である。次節で詳しく取り上げるため，ここでは詳細は割愛するが，経営学部の1年生全員が受講する科目である。経験学習型アプローチの授業を受けることで，受講生は「リーダーシップの基礎理解」「倫理性・市民性」「自己理解」「専門知識・スキル」について，満遍なく学び，リーダーシップ行動をとれるようになることが目的である。

そのうえで秋学期に知識・スキル型アプローチの授業であるBL1を受講する（12クラス展開）。この授業では，問題解決のスキルや，他者を動かす伝え方・考

え方などを学ぶ。これによって「専門知識・スキル」を高めようとするものである。また、自分のリーダーシップを伸ばすための目標設定の仕方なども学ぶため「自己理解」が深まることも期待されている。

この2つの授業を受けて2年生の春学期に望むのがBL2である（10クラス展開）。BL2は、BL0に比べ、求められるビジネスプランのレベルが高くなる。1年生の授業の経験を結集して、あらためてプロジェクトに取り組むことで、効果的なリーダーシップ行動がとれるようになることが目的である。BL2までは、経営学科の学生は必修科目となる。

BL3-A・B・C以降は選択科目となる。BL3-Aは「リーダーシップの理論」、BL3-Bは「コミュニケーション・スキル」、BL3-Cは「論理思考」である。BL3-Aでは「リーダーシップの基礎理解」を、BL3-B・Cでは「専門知識・スキル」のスキル部分や、キャリアの視点から「自己理解」を深めることが目的である。BL4は経験学習型アプローチの最後の授業である。BL4では、ビジネスプランの提案だけにとどまらず、実行を視野に入れたプロジェクト活動をおこなう。

以上示した通り、BLPではリーダーシップ教育科目を1つ導入するのではなく、カリキュラム全体を設計することで、①経験学習型、②知識・スキル型、の授業を効果的に配置している。


## 2.2 BL0の概要

本章で取り上げるBL0の詳細について説明する。BL0のシラバスに記載している授業目標は、①自分なりのリーダーシップの発揮方法の理解、②専門知識の必要性を知る、の2つである。具体的に身につけてほしいリーダーシップ行動については、日向野（2015）のリーダーシップの最小3要素の枠組みを参考に、「リーダーシップの3本柱」を教育目標として設定している（図3-2）。

リーダーシップの3本柱とは、リーダーシップ行動を「個の確立」「環境整備・同僚支援」「目標設定・共有」という3つの柱に分類し、それぞれを「率先垂範」することを表したモデルである。日向野（2015）との違いは「率先垂範」

の扱いである。「率先垂範」は，自らが率先して行動して，他者の模範となることである。日向野（2015）では，「率先垂範」は「環境整備・同僚支援」「目標設定・共有」と同列に扱われている。しかし，学生がグループワークをする際には，「率先して，他者の意見を引き出す」など，「環境整備・同僚支援」に関する行動を「率先垂範」するという行動が見られる。そのため，BLPでは

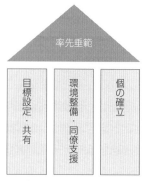

図3-2 リーダーシップの3本柱

「個の確立」「環境整備・同僚支援」「目標設定・共有」という3つの行動を「どの程度率先垂範しているか」という指標で捉えることとした。それぞれが具体的にどのような行動を指しているかについては，評価に関する節で詳細を説明する。

次に，BL0の授業設計について説明する。授業は，本書の第2章で示した授業設計の指針をもとにデザインされている。具体的には，①リーダーシップを発揮する環境作り（経験の場のデザイン），②リーダーシップの向上につなげるための仕組み作り，の2つからなる。

まず1つ目のリーダーシップを発揮する環境作りとしては，産学連携のPBLの形式を採用している。BLPは対象とする学生が経営学部の学生であるため，企業とのコラボレーションは，挑戦する価値を感じやすい。毎年，連携する企業に合わせて取り組むプロジェクト課題を決定している。プロジェクト課題は，取り組むのに困難（挑戦）を伴う課題であると同時に，まだ専門知識が身についていない大学生でも取り組むことのできる課題を設定している。近年のプロジェクト課題については表3-1に示した。

授業ではビジネスコンテスト形式を採用しており，約400人が90チームに分かれ，予選・本選に出場し，プランの内容を競う形式である。最終的に6チームが，連携企業の方々と教職員，学生約400人の前でプレゼンテーションをし，学生賞，教員賞，クライアント賞の3賞が授与される（1つの班が同時受賞することもある）。ビジネスプランの審査基準に関しては，ビジネスインパクトなどに関す

第3章　大学におけるリーダーシップ教育の事例

表3-1　近年のプロジェクト課題

| 年度 | 課題 |
|------|------|
| 2017 | メンバーの誰かがジブンゴトとして捉えているテーマを1つ選んでBEAMSができることを提案せよ |
| 2016 | 日本の食が豊かになるために吉野家ホールディングスができることを提案せよ |
| 2015 | 若者が世界を旅するためにH.I.S.のグローバルリソースを活用した新しいビジネスモデルを提案せよ |

表3-2　立教大学・経営学部の誓い（Pledge）

立教大学経営学部の一員として，また，ビジネスや社会における将来のリーダーとして，私はここに，以下を目指すことを誓います。
- 与えられた能力を使い，真摯に学び，豊かで持続可能な世界を実現することに貢献します。
- すべての人々を尊敬し，その権利と尊厳を守ります。
- 正直かつ高潔に行動します。
- 自分の行動に伴う全ての責任を受け入れます。

私は，学部で学ぶ全ての友の前で，また友とともに，本日この誓いを立て，守っていくものです。

る項目以外に，「社会をよりよくするアイデアであるか」についても検討をおこなっている。これは立教大学経営学の理念である「立教大学・経営学部の誓い（Pledge）」（**表3-2**）をもとにしている。第2章で示した通り，リーダーシップ教育においては，「倫理性・市民性」が重要な概念として位置付いている。これらを身につけるために，プロジェクトの審査基準に，こういった基準を加えて実施している。

　2つ目のリーダーシップの向上につなげるための仕組み作りについて説明する。これについては，①プログラムの設計，②制度の設計，の両面からアプローチしている。まずプログラムについては，「事前のリーダーシップ仮説・目標設定」「事後の振り返り・相互フィードバック」を授業に取り入れている。振り返りをして，新たに行動をする機会が得られるよう，授業で2サイクルまわるよう設計している。

　次に，制度面では，先輩の学生スタッフを授業運営に活用している。各クラスは，教員に加え，SA（Student Assistant），CA（Course Assistant），メンターという3つの役職の学生スタッフがサポートして運営している。各役割の詳細は**表3-3**に示した。学生スタッフの役割は，困難を伴う課題の支援と，リーダーシップ面の支援という2つに分かれる。

　では実際の授業内容についてみていこう。授業は全部で14回ある。授業内容

表3-3 学生スタッフの役割

|  | 人数 | 主な役割 |
|---|---|---|
| SA | 18名（各クラスに1名） | 自クラスの運営 |
| CA | 12名前後（2クラスに1名） | クラス間の情報流通，授業の写真撮影 |
| メンター | 90名（1グループに1名） | グループの補助，コーチング |

表3-4 授業の概要

| 1 | リーダーシップ目標の宣言 |
|---|---|
| 2 | チーム発表：よいプランとは |
| 3 | プランの構築方法（1） |
| 4 | プランの構築方法（2） |
| 5 | 中間発表：ポスター発表 |
| 6 | 中間振り返り：相互フィードバック |
| 7 | プランの再構築：ビジネスモデルの検討 |
| 8 | プランの再構築：プレゼンテーション準備 |
| 9 | 予選1：クラス混合でプレゼンテーション審査 |
| 10 | クラスごとにプランのブラッシュアップ |
| 11 | 予選2：クラス混合でプレゼンテーション審査 |
| 12 | 本選：全クラスが集まりプレゼンテーション |
| 13 | 振り返り1：相互フィードバック |
| 14 | 振り返り2：授業内容の振り返りと目標宣言 |

図3-3 リーダーシップ目標の宣言（1回目の授業）

図3-4 プランの構築（2・3・4回目の授業）

第3章 大学におけるリーダーシップ教育の事例

図3-5 ポスター発表（5回目の授業）

の概要は表3-4に示した。授業内容は、全クラス共通である。18名の教員のうちの1名がコースリーダーという役割を担い、共通のスライドを作成する。作成したスライドをもとに、各クラスが授業の状況にあわせてカスタマイズしながら運営をする。授業内容についてのコメントや、よりよくするためのアイデアは、常時オンライン、もしくは授業後のミーティングで受け付けている。

1回目の授業では、事前にリーダーシップの持論（よりよいリーダーシップとは○○のようなものである）を考えて授業に参加する。授業では、リーダーシップに関する簡単なレクチャーをした後で、グループ内でそれぞれのリーダーシップ持論を共有する。そのうえで、自分が特に意識して取り組みたいリーダーシップの目標を、クラス全体の前で宣言する（図3-3）。プロジェクトに取り組む前に、リーダーシップの目標を設定することで、グループワーク内でのリーダーシップ行動や、振り返りの視点が明確化する。

実際にプロジェクトに取り組むチームが発表され、プラン構築に取り組むのは2回目の授業からである。2回目の授業で、自分が所属するグループが発表され、チームの目標設定、プラン構築の基礎を学ぶ（図3-4）。3回目・4回目では、経営学の基礎知識（業界や顧客の分析）を学び、プランを形にしていく。5回目では、中間発表としてポスター発表をおこなう（図3-5）[※1]。ポスター発表は、

---

※1　ポスター発表の様子はYouTubeに動画が公開されている
「2017年度 立教大学経営学部 リーダーシップ入門（BL0）「ポスター発表」」
https://www.youtube.com/watch?v=DJJ9e17o3dM

18クラスを6クラスずつ3会場に分けて実施する。これによって，他クラスのアイデアに触れ，さまざまな学生・教員のフィードバックを受けることができる。

6回目の授業は，5回目までの授業の「振り返り」である。この授業の前に，グループメンバー個々人に対するリーダーシップ行動に対するフィードバックを記入する。フィードバックは，各メンバーへの「手紙」の形式をとっている。「手紙」の中には，メンバーのリーダーシップ行動の「よかったところ」「改善点」について，それぞれSBIを意識して記述する。SBIとは，Situation（状況），Behavior（行動），Impact（影響）の頭文字である。「どのような状況で，どのような行動をしたことで，どんな影響があったのか」を具体的に記述することで，効果的なフィードバックにつながる。こういった指針を示さないと「グループワークに貢献してくれてよかった」など，あいまいなフィードバックとなり，リーダーシップ行動の改善につながらない可能性がある。このフィードバックを記入し，事前に読んできたうえで，授業内でより詳細に内容について伝える。この活動をした後に，改めてリーダーシップの目標，チームの目標などを更新する。ここまでで1サイクルである。

7回目・8回目の授業ではあらためてプランの具体性を高める。顧客やお金の流れをより具体化し，ビジネスモデルを構築していく。9回目（予選1），11回目（予選2），12回目（本選）の授業は，ビジネスコンテスト形式で進められるため，プレゼンテーション中心の授業となる。予選1・2はすべてのグループが予選ブロックに振り分けられ，プレゼンテーションをおこない，教員が審査をおこなう。10回目の授業は，予選1の結果をもとに，プランをブラッシュアップするための時間である。クラスで一致団結して，すべてのグループのプレゼンテーションの質が上がるように相互にフィードバックをおこなう。12回目の本選は，90チームの内，結果が優秀だった6班のみがプレゼンテーションをすることができる（**図3-6**）。連携企業の社員，すべてのクラスの教員，受講生全員の前でプレゼンテーションをおこない，クライアント賞，教員賞，学生賞の3賞が優秀だった班に与えられる。

13回目・14回目の授業は，相互フィードバック・振り返りである（**図3-7**）。中間振り返りと同様に，お互いのリーダーシップ行動に対してフィードバックを

第3章 大学におけるリーダーシップ教育の事例

図3-6 本選でのプレゼンテーション（12回目の授業）　　図3-7 振り返り（13・14回目の授業）

おこなう。振り返りは，個人レベル，チームレベルの双方をおこなう。これらをおこなうことで，自分のリーダーシップの強みや弱みを理解し，次の目標をあらためて検討する。

　以上が，授業14回の流れである。BL0は経験学習型アプローチを取り入れ，授業を設計している。「リーダーシップの基礎理解」については，最初は講義を増やすのではなく，最低限の講義をおこなったうえで，経験を重視している。講義では，①リーダーシップは権限・役職に関係なく発揮できること，②全員が発揮した方がよいこと，③自分に合ったリーダーシップを発揮することが重要であること，などを伝えている。「倫理性・市民性」については，プラン構築の際に，自分のプランが社会をよりよくするものかという視点から取り組んでもらうことで意識することを狙っている。「自己理解」については，リーダーシップの目標を立て，相互フィードバックをおこなうことで，自分の強み・弱みを理解することを目的としている。最後の「専門知識・スキル」については，授業内では最低限の経営学に関する知識や，プラン構築のスキルについて説明をし，むしろその必要性をここで理解し，他の講義型授業を積極的に受講できるようにすることを狙っている。次節では，BL0の授業によって，効果的なリーダーシップ行動がとれるようになったのかについて詳細を報告する。

　なお，立教大学経営学部では，この授業を受ける前にウェルカムキャンプという一泊二日の導入プログラムを受講している（詳細は実践編参照）。ウェルカムキャンプでは，半日で，「企業から与えられた課題に取り組む」「リーダーシップの目標を立てる」「相互フィードバック」「振り返り」というすべての要素を

93

体験する。この体験を踏まえたうえで、14回の授業に取り組むようになっている。

## 2.3 BL0の効果検証

### 2.3.1 調査概要

　BL0の授業の前後で効果的なリーダーシップ行動がとれるようになったのかを検証した。本授業で目標としたリーダーシップ行動は、前述した通り、「率先垂範」「個の確立」「環境整備・同僚支援」「目標設定・共有」である。それらの成長を把握するために、チェックシートを作成し、①事前と②事後のデータを比較することで、リーダーシップ教育の効果検証をおこなった。なお、事前サーベイはウエルカムキャンプ1日目のワークショップ体験後、事後サーベイはBL0の13回の授業終了後にとった。

　リーダーシップ行動に関するチェックシートは、22項目のリーダーシップ行動からなる（**表3-5**参照）。チェックシートの1枚目を**図3-8**に示した。他者との関係性の中で自己理解を深め、自律し、自身の個性を磨く「個の確立」、グループメンバーが活動しやすいように支援したり環境を整えたりする「環境整備・同僚支援」、グループの目標達成に向けて目標を設定・共有したり管理したりする「目標設定・共有」の大きく3つに分類される。それら22項目のリーダーシップ行動について、率先して行動しているか、周囲のメンバーに影響を及ぼしているかという「率先垂範」のレベルを、レベル0からレベル6までの7段階で尋ねた。リーダーシップ行動を高いレベルで実行していればレベル4、その行動が周囲にかなりよい影響を与えていればレベル6と判断できる。

### 2.3.2 調査の結果

　調査結果について報告する。チェックシートを用いて自身のリーダーシップ行動について自己評価した事前、事後の平均値の差について対応のある$t$検定

第3章　大学におけるリーダーシップ教育の事例

表3-5 結果の概要

| | | | 事前 | | 事後 | | 効果量 | 有意性 |
|---|---|---|---|---|---|---|---|---|
| | | | 平均値 | 標準偏差 | 平均値 | 標準偏差 | | |
| 個の確立 | 1 | 新しさを求める | 2.56 | 1.03 | 3.88 | 1.12 | 0.68 | *** |
| | 2 | 自分自身が成長しようとする | 2.56 | 1.14 | 4.09 | 1.10 | 0.73 | *** |
| | 3 | 挑戦する | 2.74 | 1.18 | 3.88 | 1.02 | 0.64 | *** |
| | 4 | 立ち直る | 2.80 | 0.99 | 4.10 | 1.19 | 0.69 | *** |
| | 5 | 約束を守る | 2.93 | 1.19 | 4.13 | 1.23 | 0.61 | *** |
| | 6 | フィードバックを求める | 2.74 | 1.21 | 3.67 | 1.16 | 0.50 | *** |
| | 7 | 流されない | 2.66 | 1.30 | 3.87 | 1.19 | 0.62 | *** |
| | 8 | 自分を客観的に見る | 2.64 | 1.11 | 3.92 | 1.09 | 0.68 | *** |
| | 平均値 | | **2.75** | **0.78** | **3.93** | **0.72** | **0.79** | *** |
| 環境整備・同僚支援 | 9 | お互いに認め合う | 3.32 | 1.17 | 4.31 | 1.20 | 0.53 | *** |
| | 10 | 意見を求める | 2.71 | 1.31 | 3.95 | 1.17 | 0.59 | *** |
| | 11 | やる気を引き出す | 2.08 | 1.25 | 3.66 | 1.21 | 0.71 | *** |
| | 12 | 良い雰囲気をつくる | 3.01 | 1.37 | 4.10 | 1.27 | 0.55 | *** |
| | 13 | 仲間を助ける | 2.63 | 1.23 | 4.00 | 1.07 | 0.65 | *** |
| | 14 | 利害を調整する | 2.32 | 1.26 | 3.64 | 1.04 | 0.64 | *** |
| | 15 | 役割・指示を与える | 1.91 | 1.24 | 3.42 | 1.30 | 0.69 | *** |
| | 16 | フィードバックする | 2.52 | 1.19 | 3.65 | 1.12 | 0.60 | *** |
| | 平均値 | | **2.69** | **0.90** | **3.83** | **0.77** | **0.74** | ** |
| 目標設定・共有 | 17 | 理想を描く | 2.23 | 1.32 | 3.82 | 1.17 | 0.70 | *** |
| | 18 | 理想を共有する | 2.26 | 1.20 | 3.64 | 1.21 | 0.65 | *** |
| | 19 | 目標を立てる | 2.15 | 1.07 | 3.80 | 1.09 | 0.76 | *** |
| | 20 | 計画を立てる | 1.86 | 1.10 | 3.70 | 1.11 | 0.79 | *** |
| | 21 | 目標・計画を共有する | 2.34 | 1.23 | 3.73 | 1.10 | 0.69 | *** |
| | 22 | 進捗を管理する | 2.03 | 1.10 | 3.59 | 1.17 | 0.71 | *** |
| | 平均値 | | **2.26** | **0.89** | **3.71** | **0.87** | **0.80** | *** |

$***p < .001$　$**p < .01$　$*p < .05$　　　　　　　　　　　　　　　　効果量$=r$

## リーダーシップレベル　セルフチェックシート　クラス（　　　）名前（　　　　）

あなたのリーダーシップレベルを自分で把握するためのチェックシートです。自分のリーダーシップレベルをはかって、更なるレベルアップに取り組みましょう。

あなたのBLPでの振る舞いについてお聞きします。グループで何かをするとき、あなたはグループの中でどのように振る舞っていますか。以下の1～22のリーダーシップ行動について、あなたの振る舞いがレベル0～レベル6のどのにあてはまるかを判断し、あてはまる数字に〇をつけてください。
※その際、具体的にどのような振る舞いをしたからそのように判断したのか、あなたのグループでの振る舞いを振り返り、根拠を右側の空欄に示しながらレベルを判断してください。

| 3要素 | リーダーシップ行動 | 具体的な行動 | レベル0 BLPではそのような場面はなかった | レベル1 そのような行動をしていない | レベル2 行動しているつもりだ | レベル3 行動している | レベル4 高いレベルで行動しているが周囲にあまり影響を与えられていない | レベル5 高いレベルで行動し、周囲に良い影響を与えている | レベル6 高いレベルで行動し、周囲にかなり良い影響を与えている | そのように判断した根拠をお書きください |
|---|---|---|---|---|---|---|---|---|---|---|
| 個の確立 | 1 新しさを求める | 新しいアイデアを提案する 他の班には考えつかない、斬新なプランをつくろうとする グループワークの進め方を、自分たちなりに工夫する 新しいやり方をグループワークに取り入れようとする | 0 | 1 | 2 | 3 | 4 | 5 | 6 | |
| | 2 自分自身が成長しようとする | 自分自身の経営学に関する知識を高めようとする 連携企業やその業界について調べ、知識を高めようとする PowerPointなどの操作スキルを高めようとする プレゼンテーションスキルを高めようとする 自分自身のリーダーシップを高めようとして行動する 授業時間以外でも、リーダーシップを意識して行動する | 0 | 1 | 2 | 3 | 4 | 5 | 6 | |
| | 3 挑戦する | 高い目標(レベル)に挑戦しようとする 困難があっても逃げない 失敗の可能性があっても行動する | 0 | 1 | 2 | 3 | 4 | 5 | 6 | |

図3-8 リーダーシップチェックシート

をおこなった。その結果，「個の確立」「環境整備・同僚支援」「目標設定・共有」のすべての分類について有意な差がみられた（表3-5）。まずこの結果から，学生はBL0を通じて自身が効果的なリーダーシップ行動をとれるようになったと実感しており，BL0はリーダーシップ教育プログラムとして効果を有すると考えられる。

　次に，それぞれの分類についてみていく。事前の結果をみると「目標設定・共有」の項目が低いことがわかる。目標設定・共有とは，チームの理想を描いたり，具体的な目標や計画を立てたりする行動のことである。半日のワークショップでは，目標設定・共有については，重要性を認識したり実際の行動をしたりする機会が少ないため，実践することが難しかったと考えられる。しかし，授業を複数回通すことでその重要性を認識し，行動に移したと考えられる。

　「個の確立」は，事前・事後ともに平均値が高かった。事後の具体的な項目で平均値が高かったのは「立ち直る」「約束を守る」「自分自身が成長しようとする」などの項目である。これらのリーダーシップ行動についても，半日のワークショップでは体験することが難しいものだと考えられる。BL0では14回にわ

たり授業をおこなうため，構築したプランを作り直したり，チームメンバーとの関係を再構築したりする必要がある。これらの体験から，上述した3つの項目の平均値が高まったと考えられる。一方，「フィードバックを求める」の項目については，事前事後で平均値は高まったものの，他の項目に比べて，数値が高くないという結果が見られた（事前は2.74 事後は3.67）。自分からフィードバックをもらいにいくという行動は，他の行動に比べてハードルの高い行動であることが推察される。自分から他者にフィードバックをもらいにいくという姿勢をどのように身につけさせるかについては課題が残った。

「環境整備・同僚支援」は，事前は「個の確立」と同水準であり，事後は二番目に平均値が高かった。事後の項目で特によくできていた項目をみると，「お互いに認め合う」「よい雰囲気をつくる」「仲間を助ける」などの平均値が高かった。一方，「役割・指示を与える」「やる気を引き出す」「フィードバックをする」などの項目は事前段階でも低く，事後で高まったものの，他の項目に比べると平均値が低い傾向にあった。これらの結果から，グループワークにおいてお互いの関係性をよくするようなリーダーシップ行動はおこなっているものの，成果を高めるための具体的な役割分担や指示，さらにはお互いのやる気を引き出すことや，行動の変化を促すフィードバックをするという点においてはまだ改善の余地があることがわかった。

あらためて全体の項目についてみてみると，平均値において事前・事後で全体的な向上は見られたものの，まだ平均値が4前後であり，全体的な水準として高くないことがわかった。4という数字は，「リーダーシップ行動を高いレベルで実行している段階」のことであり，「その行動で周囲によい影響を与えている」と自覚するレベルにまでは至っていない。そのレベルに引き上げるために，半期の授業で何ができるのか，さらに，単一の授業ではなく，カリキュラム全体としてどのようにアプローチするかを検討する必要性が明らかになった。

### 2.3.3 調査結果の研究的意義

本章では，授業の前後で効果的なリーダーシップ行動がとれるようになったのかを，リーダーシップチェックシートをもとに検証した。リーダーシップ教

育においては，国内で実践が広がりつつあるものの，リーダーシップ教育の成果を測るための指標が整備されていない現状がある。そのため，リーダーシップの3本柱の概念をもとに，リーダーシップ行動の評価指標として，リーダーシップチェックシートを開発したことに，まず研究的な意義がある。

　次に，リーダーシップチェックシートによる自己評価によって明らかになったことについて整理する。まず明らかになったのは「事前」にできていなかったリーダーシップ行動の特徴である。たとえば「目標設定・共有」や「環境整備・同僚支援」における「役割・指示を与える」などが当てはまる。これらはいずれも短期間のグループワークではその重要性を理解し，具体的に実践する機会が少ないものだと考えられる。理想を描いて，計画を立てるなどの行動は短時間では省略されることも多いと考えられる。また，「役割・指示を与える」についても，「○○係」程度の役割分担しかする機会がなく，その重要性を認識し，実際に行動するレベルまでは至らない可能性がある。こうした行動を促すためには，少なくとも半期程度継続してリーダーシップ教育の実践をおこなう必要があると考えられる。

　続いて，「事前」「事後」の比較から，リーダーシップ行動にどのような変化があったかを検討する。BL0の授業を通して，すべての分類についてリーダーシップ行動をおこなうようになっていたが，各項目には平均値の差があった。たとえば，「環境整備・同僚支援」における「お互いに認め合う」「よい雰囲気をつくる」「仲間を助ける」などは事後の平均値が4以上であったが，「個の確立」の「フィードバックを求める」，「環境整備・同僚支援」の「役割・指示を与える」「やる気を引き出す」「フィードバックする」「利害を調整する」や，「目標設定・共有」の「理想を共有する」「進捗を管理する」などの項目は3.5〜3.6程度にとどまった。これらの項目を見ると，グループワークにおいて，お互いの関係構築のためによい雰囲気をつくろうとするリーダーシップ行動はおこなっているが，実際にプロジェクトを前に進めたり，メンバーを巻き込んだり，時にぶつかっても関係を構築したりするといったリーダーシップ行動は相対的におこなえていない可能性が示唆された。

## 2.3.4 調査結果の実践的意義

　本章の結果が，大学のリーダーシップ教育の実践にどのような影響を与えるかについて述べる。まず，リーダーシップ教育を今後発展させていくうえで，リーダーシップに関する成果指標を開発することは喫緊の課題である。リーダーシップに関する指標は，企業でのリーダーシップに関する研究は参考になるが，項目が「企業の文脈（たとえば，上司部下の関係や，賃金に関することなど）」となっており，そのまま活用することが難しい。また，海外の大学に関するものにおいても，日本との文脈が異なることから，そのまま活用することが難しい現状がある。よって，各大学が目標とするリーダーシップの全体像を示し，そのうえで，評価基準を構築していくことは，リーダーシップ教育の実践をおこなっていくうえで重要になる。今回開発したリーダーシップチェックシートは，BLPの文脈で開発したものだが，各大学で実践しても問題のないような項目になっている。こうした評価指標が広がることで，実践の効果検証や，より有効な教育手法の検証へとつながっていくと考えられる。

　次に，本調査の結果から，半期をかけて実施するリーダーシップ教育の効果を検討することができた。上述した通り，「目標設定・共有」や「環境整備・同僚支援」における「役割・指示を与える」などは短時間でのグループワークで身につけることは難しいと考えられる。短時間でのリーダーシップ教育の実践は取り入れやすいが，これらの限界があることを理解しておく必要がある。一方，半期をかけておこなうリーダーシップ教育の実践は導入ハードルは高いが，短時間でのグループワークでは期待できないようなリーダーシップ行動についても，効果的におこなえるような可能性が示された。このように，リーダーシップ教育の介入の条件と，効果に関する結果が蓄積されることで，各大学で適切な実践を選択することにつながると考えられる。

　大学生のリーダーシップ行動の傾向については，「お互いに認め合う」「よい雰囲気をつくる」「仲間を助ける」などの，関係構築に関するリーダーシップ行動は意識しておこなわれているが，それに比べ「理想を描き，その理想を達成するために進捗を管理し，他者を巻き込み，適切な役割分担をおこない，お互いがぶつかっても利害を調整して，目標達成に向かう」といった行動はおこな

えていないことがわかった。この点については，実践的な介入をおこなううえで，今後重要なポイントになりえる。「お互いの関係性を壊したくない」といった「仲良し」を志向するリーダーシップ行動から，お互いの関係性を高めたうえで，「より成果を志向する」ようなリーダーシップ行動を引き出していく必要がある。そのためには，これらの行動の重要性を授業中に示すことや，よりこれらの行動に関する相互フィードバック・振り返りをおこなう必要性が示唆されたと言える。

　また，これらのリーダーシップ行動については，半期の授業ですべて解決するのは難しいという考え方もありえる。BLPでは，BL0でのこれらの体験を踏まえ，後期のBL1の授業につなげていく。BL1では，問題を分割して考える演習をおこなったり，目標の設定の仕方などについて具体的に学んだりする。これらを通して，学生たちは少しずつ，「目標設定や進捗管理」「役割分担」について学んでいく。こうしたことを学ぶのは「知識・スキル型」のアプローチの授業の方が適している面も多い。このように，すべてを「経験学習型」の授業1つで学ばせるのではなく，「知識・スキル型」の授業などを使いながら，カリキュラム全体でリーダーシップ教育をおこなっていくという視点も重要だと考えられる。

　以上が，BL0の効果検証を通した実践的示唆である。次に，こうしたリーダーシップ教育を実践していく運営チームをどのように構築しているかについて検討をおこなっていく。

# 3 BLPの授業運営

## 3.1 リーダーシップ教育をおこなう側のリーダーシップ

　BLPでは，リーダーシップ教育を学部単位でおこなっており，複数クラスで

展開しているため，授業運営チームの構築が重要になる。これはいわば，授業運営チームのメンバー一人ひとりのリーダーシップが求められる状況といえる。このように，組織だってリーダーシップ教育を展開する際には，教える側のリーダーシップという視点は欠かすことができない。

また，仮に1人でおこなう授業だとしても，教える側が自分自身のリーダーシップについて考えることは重要である。なぜなら，自分のリーダーシップはクラスに影響を与えるからである。リーダーシップ教育をおこなうものは「教育者」という役割だけでなく，自分自身も授業を構成する1人の「メンバー」である。よって，授業という集団の目標達成に向けて，他者に影響力を発揮する主体として捉える必要がある。

このように，リーダーシップ教育においては，自分自身も特権的な立ち位置にいることはできず，「リーダーシップを学べというあなたはリーダーシップを発揮しているのか？」ということを常に問われるという再帰性を持っているのである。

一方，それに伴い，リーダーシップ教育をおこなうことは，教育する側にとってもリーダーシップを伸ばす機会であることも多い。BLPの授業を運営することは「学生のリーダーシップが最大限に育成される授業を提案し，実行せよ！」といったプロジェクト課題に取り組んでいると捉えられる。つまり，学生たちのPBLが成功するかは，「教える側のPBLが成功するか」にかかっているというわけである。このように，経験学習型の授業を運営する際には，2つのPBL（学生のPBLと，教職員によるメタPBL）を運営しているという視点を持つことが重要である（図3-9）。

では授業運営チームをどのように構築していくべきであろうか。これはその

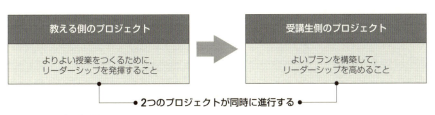

図3-9 2つのプロジェクト

ままリーダーシップ教育やリーダーシップ行動の指針が当てはまる。特に最初に重要なのは「目標設定・共有」である。「このプログラムを通して,どのような学生を育てようとするのか」という目標を立て,その具体的なイメージを共有することが重要である。BLPでは,春と夏に教職員と学生スタッフによる一泊二日の合宿を開催している。この合宿では,お互いの持つリーダーシップという言葉のイメージをすりあわせ,具体的にどのような学生を育てたいのかという理想像について,教職員・学生が一体となって議論をおこなう。授業が始まる前に,「目標設定・共有」をおこなっておくことで,複数クラスで授業を展開しても,同じ方向性に向かって努力することができる。このように,リーダーシップ教育の具体的な手法だけにとらわれるのではなく,自組織において具体的にどのような人を育てたいのかというイメージについて,関係者間で一致させておくことは重要である。

次に重要なのは「振り返りの機会を持つこと」である。教職員のPBLにおいても,「授業作り」という経験の機会だけでなく,相互にフィードバックをして振り返る機会が重要である。BLPでは,毎週の授業後に教職員と学生スタッフが一堂に会し,45分間の授業振り返りミーティングをおこなっている[※2]。このミーティングでは,最初に各クラスの教員・学生スタッフがバラバラの席に座り,「今日の授業の感想（よかった点・改善点・自クラスで工夫した点）」を共有する。授業は共通のスライドを使用しているが,各クラスによって反応がわかれることがある。また,自クラスの状況にあわせて,ワークの内容をアレンジするなどの工夫をおこなっているクラスもある。こうした授業実践に関する振り返りは,「何が効果的な教育的介入になっていたのか」を明らかにし,来年度は何を継続しておこなうべきかがわかる。また,「うまくいかなかった介入」についても明らかになるため,これを次回の授業につなげたり,来年度の授業改善につなげたりすることができる。

授業に対する視点は,教員と学生スタッフでは見えているものが異なるケー

---

※2 授業後のミーティングの様子はYouTubeに動画が公開されている
「BLP教員SAミーティングのご紹介」
https://www.youtube.com/watch?v=eF8NA6aBkvs

第3章　大学におけるリーダーシップ教育の事例

スも多いため，一緒にミーティングをおこなう意義が大きい。教員にとって，学生が授業内容に対して率直にどのような感想を持つのかを把握したり，課題の難易度がどの程度なのかについて把握したりすることは難しい。一方，学生スタッフは，学生の視点に近い分，目先の面白さ・わかりやすさに引きずられがちな傾向もある。このように立場の違う双方の意見を共有することで，授業について多角的に見ることができる。また，ここで意見を共有することで，BLPで目指すべき方向性はどのようなものであるかについて，常に「目標設定・共有」がなされることになる。こうした議論を踏まえたうえで，次回の授業内容の詳細やねらいなどを共有することで，次の授業につなげている。また，その際に，教員，学生スタッフのいずれも，授業内容についての提案があれば発言することができ，実際に提案を授業内容に取り入れることもある。

　以上示した様に，授業運営をするチームづくりにおいては，事前の「目標設定・共有」や，授業が始まってからも「振り返り」の機会を持ち，常に次のアクションにつなげることが重要である。このような仕組みを取り入れることで，運営チームのリーダーシップが開発され，結果的に学生の授業に対してもポジティブな影響を与えると考えられる。


## 3.2 学生スタッフの活用

　次に学生スタッフの活用について説明する。BLPでは，教職員だけでなく，学生スタッフを活用することで授業の運営をおこなっている。第2章で述べた通り，「経験学習型」の授業では，受講生がプロジェクト課題に適切に取り組み，リーダーシップ行動に関する振り返りをサポートするような役割が必要になる。こうした役割は通常のSA (Student Assistant) に求められるようなプリントを配るなど，作業を補佐する役割ではなく，「学習を促進する役割」といえる。

　実際にBLPにおいても，SAに代表される学生スタッフは，リーダーシップ教育において大きな意義を持っている。たとえば，ウェルカムキャンプに参加した後の，学生の感想をみると「プロジェクトはSAさんも助けてくれたし，メンバーと協力してやることができたのでよかったです。」などのサポートに感謝

103

する声や、「SAや先輩方の凄さを身近に体感して経営学部の授業を受講し続けて努力をして、先輩方のようになりたいと思いました。」といった、受講生にとってのロールモデルの役割を果たしていた。

このように、学生スタッフは受講生のグループワークを支援するだけでなく、ロールモデルとしての役割を担っている。「リーダーシップ行動の具体的な指針」を文章などで提示するのは重要であるが、「実際に先輩が手本を示す」（率先垂範）ことは、リーダーシップ教育にとっても重要な意義を持つ。また、学生スタッフが活躍することで、受講生が授業運営にかかわるというサイクルが生まれる。

BLPでは、学生スタッフは人気の役割である。たとえば、BL0（2016年度）では、学生スタッフ約30名の募集に対して、のべ170名の学生（1学年約400名）が「採用説明会」に参加し、約90名が実際に応募した。このように、多くの学生が授業を運営する側へ立候補する状況にある。本章の冒頭で示した通り、学生スタッフの役割をSAだけでなく、CA、メンターと拡大したのは、このように授業運営側にかかわりたいという学生のニーズを反映してのものである。

なぜ学生スタッフにこれだけの人気があるかについては、舘野（2017b）で調査をおこなっている。この調査では、2014年度のSA 18名に対して「なぜSAに応募しようと思ったのか」について、半構造化インタビューをおこなった。この結果を、定性的コーディング（佐藤 2008）の手法を用いて分析をおこなった。具体的には、オープンコーディングをし、複数のコードに共通する抽象度の高い概念を抽出した。結果は**表3-6**に示した。

なぜ応募したのかの理由の1つ目は「SAへの憧れ」である。1学年しか違わ

**表3-6 応募動機のカテゴリ**

|   | カテゴリ名 |
|---|---|
| 1 | SAへの憧れ |
| 2 | 自己成長 |
| 3 | ネットワーキング |
| 4 | 授業作りへの関与 |
| 5 | 恩返し |

ない先輩の行動を見て「自分もああなりたい」「1年がんばればこうなれるかもしれない」という思いが，学生スタッフの応募につながっていた。2つ目は「自己成長」である。SAの活動では，学生の成長を促すかかわり方をしたり，人前で話したりする機会が多くある。これらの機会を通して，自分を成長させたいと感じて応募していた。3つ目は，「ネットワーキング」である。これはSAになることで，教職員や先輩SAなどとのつながりを得られることを目的としているものである。BLPでは授業運営を教員とともにおこなっていくため，直接学びを得られる機会が増える。また，SAに応募する学生は意欲が高く，そういった仲間と共に切磋琢磨したいという思いから応募をしていた。4つ目は「授業作りへの関与」である。BLPでは「授業の改善提案」などを学生から聞き，実際に授業を毎年変化させている。これに魅力を持ち，自分が授業を改善する立場にまわりたいと思い，応募していた。5つ目は「恩返し」である。自分が入学した際に学生スタッフによくしてもらった経験から，今度は自分が学部や，後輩に対して何かしてあげたいという思いで，応募をしていた。

　このように，学生スタッフは，受講生にとって「自分がこうなりたい」という「目標設定」や，成長のための動機付けとして機能していることが明らかになった。これらの点は，「経験学習型」の授業において，受講生が「困難な経験」に取り組むうえでの，大きな推進力となる。また，学生スタッフになって「授業をよりよくしたい」「恩返しをしたい」という思いは，リーダーシップにおける「倫理性・市民性」に関連する。コミベズら (Komives et al. 2017) は，市民性 (市民としての責任) を「コミュニティのメンバーなら，コミュニティが機能し続け，より良くなるように，他者と協同する責任がある」という姿勢と述べたが，こうした態度と関連するものだと考えられる。

　以上のように学生スタッフとともに授業をおこなうことで，経験学習型の授業をよりよくすることができ，さらにそれは効果的なリーダーシップの発揮につながる可能性がある。また，授業運営にかかわりたいという学生が毎年いることは，授業を安定的に運営することにもつながり，授業運営に対するメリットは大きい。もちろん，学生にスタッフとしてかかわってもらうためには，学生スタッフに対する教育をどのようにおこなうのか等，授業運営に加えてのコストがかかることもたしかである。こうした仕組みが回り始めるまでの初期コ

ストも大きいものだと想定される。

　しかし，学生スタッフが育つことは，「授業」というレベルに対するメリットだけでなく，大学の学びの文化をつくるという点においても，大きな効果を期待できる。授業運営において，実際にリーダーシップを発揮している先輩の姿を，受講生に示すことで，リーダーシップは授業の中だけで発揮するものや，建前としての学習目標ではないということを示すことができる。また，授業運営を，それぞれが権限や役職に関係なく，リーダーシップを発揮して運営している状態は，リーダーシップが組織文化に根付くということにつながっていく。

　このように大学におけるリーダーシップ教育においては，授業プログラムをどのように設計するかという視点だけでなく，授業運営をするチームをどのように構築していくのかという視点を加えることで，より本質的にリーダーシップを学ぶ環境を構築することにつながると考えられる。


# 4　まとめ

　本章では，大学におけるリーダーシップ教育の枠組みを検討するため，立教大学経営学部BLPの事例をもとに，具体的な授業設計や，効果検証をおこなってきた。また，授業運営をする組織をどのように構築しているのかについても考察した。

　日本の大学におけるリーダーシップ教育については，少しずつ実践が広がってきた段階であり，その効果検証をするところまで十分にできていないのが現状である。その中で，BLPは大規模にリーダーシップ教育を取り入れており，効果を検証するという点においても意義のある実践である。本章では，BLPの中でも特にBL0に焦点を当て，効果的なリーダーシップ行動をおこなえているかについて，授業の事前・事後のリーダーシップチェックシートの自己評価で分析をおこなった。その結果，リーダーシップの3本柱すべてに関する行動で，向上が見られた。しかし，全体の平均値の水準は高いとは言えず，今後の授業

デザインの検討および，カリキュラム全体による支援の必要性が明らかになった。今回の事例のように，リーダーシップ教育の効果を検証していくことは今後さらに重要であると考えられる。

　一方で，今回の効果検証については，まだ導入段階のものであり，今後の課題は非常に多くある。1つ目は，今回の分析は「自己評価」のデータのみを分析対象としている点である。リーダーシップ行動は，自分がどのように行動しているかだけでなく，「他者が影響力をどのように感じているか」という視点が重要になる。また，それらの差違がどの程度縮まったかなどの視点も重要になる。本章では，その点については分析できていない。今後は，「自己評価」と「他己評価」のデータを用いて，より詳細にリーダーシップ行動の変化を捉えていく必要がある。また，今回はリーダーシップチェックシートをもとに評定をおこなったが，評価指標そのものについてもさらなる改善が必要になると考えられる。大学生のリーダーシップを測るための指標作りの研究についても，今後力をいれていく必要がある。

　2つ目は，授業デザインと結果の詳細な検討ができていない点である。今回の分析は，事前・事後のリーダーシップチェックシートの平均値の向上に焦点を当てたが，その変化の要因が具体的にどのようなものなのかまで踏み込んで分析ができていない。もちろん，大規模におこなっている授業であるため，変化の要因は複雑であり，特定するのは困難な部分も多い。しかし，授業改善をおこなうためには，「変化の要因に関する分析」が不可欠である。今後は，事前・事後の変化だけでなく，その変化を生む要因がどのようなものであるのかについてより詳細に分析をおこなっていく必要がある。

　3つ目は，長期的な評価の必要性である。今回の分析では，BL0の分析はおこなえたが，これらがBL1以降にどのように変化していくのかという点については検討できていない。さらに，実際にBLPを受講した学生が，企業に入社後にどのような行動をしているのかという「大学と企業の移行（トランジション研究）」に関するような研究もおこなえていない。単一の授業だけでなく，継続的に分析をおこなっていくことは，授業設計だけでなく，カリキュラム設計をおこなううえでも有効な視点となる。そのため，大学内で継続して調査をおこない，分析をしていくことが重要になる。冒頭でも述べたとおり，近年は企業の視点か

らも，大学時代のリーダーシップ経験の持つ効果について注目が集まっている。しかし，実際に大学でのリーダーシップ教育が入社後の行動にどのような影響を与えているかについては実証されていない。近年，大学教育研究においては，「大学時代の経験が，入社後の行動にどのような影響を与えるのか」といったトランジション研究に対する重要性が日に日に増している（たとえば，中原・溝上 2014; 舘野・中原 2016など）。このような視点からも，リーダーシップ教育の分析をしていくことは非常に重要であると考えられる。

　次に，リーダーシップ教育をおこなう組織面について述べる。リーダーシップ教育をおこなう人たちは，教育者としてだけでなく，リーダーシップを発揮する1メンバーでもある。そのため，リーダーシップ教育を成功させるためには，運営チームのリーダーシップの発揮が重要になる。そのような視点に立つと，リーダーシップ教育をよりよいかたちで導入するためには，リーダーシップ教育のプログラム設計の視点を得るだけでなく，自らが効果的なリーダーシップを発揮できるようになるための環境を構築するという視点が大切になる。経験学習型の授業を運営することは，具体的に2つのプロジェクト（運営チームのプロジェクト，受講生のプロジェクト）が並列して走ることを意味する。これらの両輪が回るために必要なことを検討するのが重要である。

　BLPでは「合宿」や「授業後の振り返りミーティング」をおこなうことで，「どのような受講生を育てるのか」「我々が目指すリーダーシップとはどのようなものか」について「目標設定・共有」をおこない，毎授業ごとにその方向性が正しいかについて「振り返り」をおこなっていた。このように，教える側にとっての「経験の機会」だけでなく，「振り返りの機会」などを持つことは授業を運営するうえでも，自らのリーダーシップを高めるためにも重要である。また，学生スタッフともに授業を運営することは，運営チームにとっては，教員にない視点を取り入れることにつながる。

　学生スタッフは，受講生の成長に対しても大きな意義を持つ。学生スタッフの「率先垂範」をする姿は，受講生にとって，よりよいリーダーシップ行動を発揮するためのロールモデルとなり，「あの人のようになりたい」といった「目標設定」を促す。これらは，経験学習における「困難な課題」を取り組むための動機になりうる。また，学生スタッフが下の学年のために授業作りにかかわ

第3章　大学におけるリーダーシップ教育の事例

るという循環は，組織の運営を安定化するだけでなく，「倫理性・市民性」を高めるうえでも非常に重要である。

　学生スタッフが運営する体制をつくるのは初期コストがかかり，メンテナンスのコストも低いとはいえない。しかし，こうした環境をつくることは，経験学習型の授業をよりよいものとし，大学そのものがリーダーシップを育む組織文化を持つことにつながっていくため，得られるものは大きい。「授業単位で教え方を改善する」というだけでなく，ひとつの授業を起点にして，大学そのものを学びの環境にしていくような「授業を起点にした学びのコミュニティ化モデル」は，大学教育の改善に大きな意義を持つと考えられる。

　このように，リーダーシップ教育は，効果的なリーダーシップ行動をとれるようにするだけのものではなく，大学教育の改善に向けても大きな広がりのある考え方であると考えられる。実際に，立教大学では経営学部で実践したBLPの成果に基づき，全学共通の科目としてGLP（グローバルリーダーシッププログラム）が設置され，大学全体でリーダーシップ教育に取り組んでいくようになった。今回はBLPにおける授業運営チームの事例を取り上げたが，今後は他大学の事例などを参考にしながら，リーダーシップ教育の組織面への影響についてもより詳細に捉えていきたい。

## column ｜ GLPとは

（稲垣憲治）

　グローバル・リーダーシップ・プログラムは，将来グローバルに活躍するために，英語と同等に必要なリーダーシップを発揮できるようにするリーダーシップ開発プログラム。立教大学経営学部で培われてきたリーダーシップ教育のエッセンスと，多様な学生・多様な将来像に対応できる要素を合わせもった科目で構成されている。

### GLPの科目構成と内容

　具体的には，第1段階として，経営学部で培われてきたPBLによるリーダーシップ入門科目にルーツを持つGL101（日本語）およびGL111（英語）を展開している。企業／団体から出題されるプロジェクト課題にチーム単位で取り組むことになるが，いわゆるビジネスコンテストではなく，プロジェクト活動の中間および終了後に，プロ

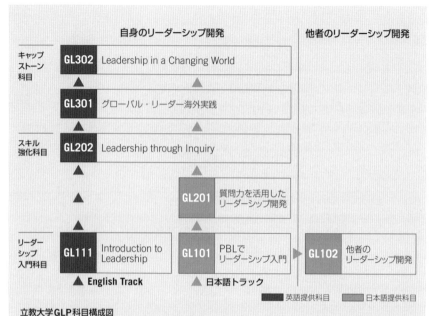

立教大学GLP科目構成図

ジェクト活動のプロセスを俯瞰してリーダーシップの発揮の程度や効果について振り返りをおこない，自分なりのリーダーシップの発見と発揮方法の修得をおこなう。

第2段階では"質問力"に焦点を当てたGL201（日本語）およびGL202（英語）を提供している。将来グローバルに活躍する，つまり深い多様性の中で自分のリーダーシップを発揮することが前提となる。受講生は，アクション・ラーニングやコーチングの基礎的な知識と実践を通して質問力を身につけ，状況に応じたリーダーシップが発揮できることを目指す。

第3段階は，キャップストーン科目としての位置付けで，海外経験を含む実践的な科目であるGL301，権限を得た後のリーダーシップの発揮方法に焦点を当てるGL302がある。第1段階・第2段階では学生としてリーダーシップの強化をおこなうのに対し，GL301では異文化の中での一日本人として，GL302では社会との接点を想定して，大学外に関心を持ち将来を意識した科目となっている。

また，2017年度に新たに設置されたGL102では，自分のリーダーシップを伸ばすだけでなく，自分の周りの人たちのリーダーシップを伸ばすことができ，それによって組織を活性化できる学生を育てることを目指している。前半ではアカデミックなリーダーシップ論・学習論・モチベーション論などの理論と自身のリーダーシップ経験を結びつけ，後半では各自が直面する実際の

組織課題に実践的に取り組む。それぞれの
リーダーシップの成長を期するとともに，各
自がリーダーシップ教育の提供者として学
内外に波及することを狙っている。

## GLPの現在と将来

　スーパーグローバル大学創成支援事業の
一環として新たに設置された，原則英語に
よる授業で学位が取得できるコースである
Global Liberal Arts Programの1・2年次必
修科目（GL111およびGL202）として採用
されるなど，大学の基盤プログラムとして
位置付けられつつある。

　目下プログラムの更なる強化と拡大を進
めている。

　質的な観点では，立教大学のリーダー
シップ教育の特色である教員・学生（ス
チューデントアシスタント）・職員による授
業開発を継続するほか，プログラムを統括
できる専任教員を確保することで，科目間
の連続性や連携を密にしてプログラム全体
としての一貫性やインテグレーションを進
めている。

　また，本プログラムの履修希望者は，ス
タート時2013年度のGL101の80人枠（4
クラス展開）に3倍近い応募があり，クラス
数を漸増させてきた2017年度においても
200人枠（10クラス展開）に対し2倍近い応
募があった。そのため，量的な観点でも，学
生からの履修希望の多さに対応すべく体制
の整備を進め受講希望者の受け入れ枠を拡
大し，増え続ける学生のリーダーシップ教
育に対するニーズに応え，真に全学的なプ
ログラムになることを目指している。

いながきけんじ●1965年生まれ。広島大学文学部哲学科中国哲学専攻卒業。企業人として，
IT，一般消費財，教育ベンチャー，金融と，様々な業種を経験。職種も営業，ITプロジェ
クトマネジメント，人材開発と多岐にわたる。2010年9月，独立。大学・高校等での教育
に加え，様々な企業でリーダーシップ等の研修を行っている。

### 参考文献

中央教育審議会（2008）学士課程教育の構築に向けて（答申）．（Retrieved January 28, 2017, from
　http://www.mext.go.jp/b_menu/shingi/chukyo/chukyo0/toushin/1217067.htm）．
日向野幹也（2015）新しいリーダーシップ教育とディープ・アクティブラーニング．松下佳代・京都大学高等
　教育研究開発推進センター（編）ディープ・アクティブラーニング：大学授業を深化させるために．勁草
　書房．pp.241-260.
泉谷道子・安野舞子（2015）大学におけるリーダーシップ・プログラムの開発に関する考察：米国の事例
　を手がかりに．大学教育研究ジャーナル．Vol.12 pp.38-47.
経済産業省（2006）社会人基礎力．（Retrieved January 28, 2017, from http://www.meti.go.jp/policy/
　kisoryoku/）．

Komives, S. R., Lucas, N. & McMahon, T. R.（2013）日向野幹也（監訳）・泉谷道子・丸山智子・安野舞子（訳）（2017）リーダーシップの探求：変化をもたらす理論と実践. 早稲田大学出版部.

Murphy, S. E. & Johnson, S. K.（2011）The benefits of a long-lens approach to leader development: Understanding the seeds of leadership. *The Leadership Quarterly*. Vol.22 No.3 pp.459-470.

中原淳・溝上慎一（2014）活躍する組織人の探究：大学から企業へのトランジション. 東京大学出版会.

佐藤郁哉（2008）質的データ分析：原理・方法・実践. 新曜社.

舘野泰一（2017a）大学生のリーダーシップ開発. 中原淳（編）人材開発研究大全. 東京大学出版会. pp.97-121.

舘野泰一（2017b）スチューデント・アシスタントの成長に関する探索的研究. 大学教育研究フォーラム第23回発表論文集. pp.282-283.

舘野泰一・中原淳（2016）アクティブトランジション：働くためのウォーミングアップ. 三省堂.

舘野泰一・中原淳（2017）企業の視点からみた「大学時代の経験の効果」. 中原淳（編）人材開発研究大全. 東京大学出版会. pp.59-96.

*Research on the latest Leadership Education*

# 第4章 企業におけるリーダーシップ開発研修の効果

## 異業種民間企業5社による「地域課題解決研修」を事例として

中原 淳

　本章の目的は「企業におけるリーダーシップ開発」の実践事例を紹介しつつ，その効果性を評価することにある。本稿で取り上げる事例は，筆者が，企業人事部から依頼を受け，企画・監修・ファシリテーションに携わった「地域課題解決研修」である。地域課題解決研修は，異業種5社の民間企業につとめる若手管理職が，異種混交のチームを形成し，北海道・美瑛町を舞台として，グループで地域の課題解決にあたりながら，自らのリーダーシップ行動を改善する6か月にわたる研修である。とりわけ，企業のリーダーに必要だと思われる「情報収集・業務遂行」「ストレス耐性」「自己成長」「多様性対処」「部下育成」の5カテゴリーの行動について改善を試みることをめざした。

　参加者は，5名から6名程度で異業種チームを形成する。チーム単位で，美瑛町において住民・関係者にヒアリングやフィールドワークをおこない，地域の課題を特定し，その解決策を美瑛町長・住民に対して提案する。形式としては，いわゆるアクションラーニング型のリーダーシップ開発研修と解釈できる。

　研修では，研修参加者が自らのリーダーシップ行動を改善するために，チーム単位や個人単位で適宜，自らのリーダーシップ行動に関してリフレクションをおこなわせたり，他のチームメンバーからフィードバックを得る機会をつくったりした。本研修の評価としては，研修参加者の上司を対象にして，当該参加者の業務能力において事前・事後に質問紙調査で評定をしてもらった。研修参加者においては，①多様性に対する対処，そして，②メディアを用いた情報収集と効率的な業務遂行の2点において，事前・事後でポジティブな変化が得ら

れた。

# 1 企業におけるリーダーシップ開発

　従来より企業は，自社の管理職のリーダーシップ能力を高めるために，自社の管理職層を対象にした各種のリーダーシップ開発を実施してきた (Conger & Benjamin 1999)。企業がリーダーシップ開発に積極的な投資をおこなう所以は，管理職の行動が，職場やチームメンバーの成果や変革に与える影響は少なくなく (Krohn 2000; Bryman et al. 2001)，一方，それが機能不全に陥った場合には，職場において，いじめや反社会的行動など破滅的な影響を与えうるからである (Ayoko & Callan 2010; Liu et al. 2012)。

　リーダーシップ開発の手法としては，過去のリーダーシップ開発研究において様々なものが提案されている (Day 2001; Day et al. 2014など)。今一度，代表的なものをあげるとするならば，タフな仕事のアサイン (Mumford 1980; McCall et al. 1988) にはじまり，360度フィードバック (Facteau et al. 1998; Seifert & Yukl 2010など)，エグゼクティブコーチング (Hall et al. 1999; Peterson 1996)，メンタリング (Kram & Bragar 1992) などがあげられよう。詳細は第3章の舘野の議論を参照されたい。いずれにしても，過去20年勃興してきたリーダーシップ開発研究においては，これらの手法の効果検証が多数おこなわれてきた。

　リーダーシップ開発の手法には様々なものがあり，そこに大同小異の違いは認められるものの，近年のリーダーシップ開発実践の基層をなしているのは「経験学習を理論的基盤としながらリーダーシップ開発をすすめる」という考え方である (Day 2001; 中原 2013 2章・3章参照)。「経験学習を基盤としたリーダーシップ開発」とは，リーダーシップ行動の向上は，「経験」と「経験を終えたあとに個人が展開するメタ認知的活動」——いわゆる「リフレクション (内省や省察と日本語訳されることがある)」によってもたらされるものであるとする考え方である (中原・金井 2009; 中原 2013)。経験をリーダーシップ行動改善の源泉としつつ，経験

114

を上位の観点から対象化・俯瞰し，自らのリーダーシップ行動を補正したり，リーダーシップの持論を形成することがめざされている（金井 2002; 石川 2016）。

こうした考え方のもとに，企業内部では，リーダーシップ開発を進めるために様々な実践がおこなわれている。とりわけ，近年では，リーダーシップを高めたい対象者に「経験」と「内省」の機会を付与することが取り組まれている。具体的には，タフな仕事のアサインに代表されるように，リーダーに成長に資するようなチャレンジを含む経験を付与しつつ，そこで顕在化する各種の課題を，フィードバック，コーチング，メンタリング等の他者のかかわりを通じて，本人に明確化させ，内省をさせていくことがなされている（McCauley et al. 1998）。

しかし，ここには「実務的課題」も存在する。

最も深刻なのはタフな仕事のアサインに代表される，いわゆる「直接経験」には「制約」があるということである。組織内において，タフな仕事が潤沢に存在することはまれであるし，また，タフな仕事は，その業務遂行プロセスにおいて，失敗やリスクを伴ったりすることがある（中原 2012）。失敗やリスクが過剰に引き起こされた場合，最悪のケースでは「離職」につながるケースや，組織に損失を与えてしまうなどの場合も想定される。

こうした観点から，タフな仕事のアサインに代表される「直接経験」を用いた経験学習に代替する手法として注目されているものがある。いわゆる「アクションラーニング」を用いたリーダーシップ開発手法である（Dotlich & Noel 1998）。

元来，アクションラーニングとは，①実践と行動に基づく学習を試行すること，②実践の内省を重視すること，③探究的洞察を重視すること，などを重視した学習形態であり，その歴史は古い（Revans 1982, 1984）。一般に企業でおこなわれるアクションラーニングでは，研修参加者がグループを組み，自社の経営課題・事業課題などをともに分析し，経営陣などに提案などをおこなうという活動がなされる場合が多い。アクションラーニングを活用したリーダーシップ研修では，グループでの提案活動の様子やそこで生じたコンフリクト，あるいは，そのプロセス自体を後日リフレクションし，自らのリーダーシップ行動を補正したり，リーダーシップの持論を形成するといったことが試みられる。アクションラーニングにおいて物事をつくりだすプロセス自体を，個人，ないしは，グループレベルで内省したり，フィードバックし合ったりすることで，リー

ダーシップ行動が改善することが期待されている（Day 2001; Nowack & Mashihi 2012）。

アクションラーニングは，すでにGEやシティバンクなど世界の名だたるグローバル企業で導入されており，中には複数の組織をまたがって実施されているものもある。しかし，その効果の検証にいたっては，実務の普及ほどに進んでいるわけではない。

また，アクションラーニングにおいてはポジティブな効果が語られている一方で，ネガティブな側面も語られる。代表的なものは，アクションラーニングはビジネスの課題解決には資するものの，課題解決の質やパフォーマンスにのみ重きがおかれる傾向があり，リーダーシップ開発にはつながっていない，という指摘である。しかし，これとて，いまだ統一した見解が存在するわけではない（Day 2001; Collings & Holton 2004）。

本章の目的は，アクションラーニングによるリーダーシップ開発の効果性を，筆者が関与したリーダーシップ開発研修を事例として取り上げ，考察することにある。

# 2 地域課題解決研修

## 2.1 研修の概要

本章で取り扱うリーダーシップ開発事例は，筆者が，異業種民間企業5社の人事部の依頼により，企画・監修・ファシリテーションに携わった「異業種5社の管理職らを受講生として実施された地域課題解決研修（省略：地域課題解決研修）」である。筆者は，2014年，ヤフー株式会社の本間浩輔氏，池田潤氏からこの研修の依頼を受け，設計にかかわることになった。

2014年に創始された地域課題解決研修は，2017年で4年目を迎えている。第

四期になる2017年は，2017年5月から10月にかけての約半年間，異業種5社（パーソルホールディングス株式会社，ヤマト運輸株式会社，株式会社マクロミル，パナソニック株式会社，ヤフー株式会社）の次世代リーダーと目される20代後半から30代前半にかけての管理職，ないしは，管理職候補生（以下では管理職に統一）と美瑛町の役場の職員等，約30名が，北海道・美瑛町に集結し，開催された。

　地域課題解決研修において，各社の管理職は異なる会社の管理職と異業種混成のチームを組む。チームでの活動は，同じメンバーで約半年間にわたって継続され，メンバーの入れ替えはない。チームは，半年間のあいだに5回美瑛町を訪れ，各回2日から3日間宿泊し，様々な活動にあたる。主要な活動は，①美瑛町で開催される情報収集・フィールドワーク活動，②セッションのたびにもうけられたプレゼンテーション活動，③チームのあり方やリーダーシップの発揮の仕方を個人・チームで振り返ったり，グループメンバーが相互にフィードバックし合ったりする活動，の3つである。この3つの性質から理解できるように，地域課題解決研修は，異業種民間企業の次世代リーダーが課題解決をおこないながら，リーダーシップ行動を高め合うアクションラーニングであるといえる。

　上記チーム活動の①と②に関してメンバーは，月1の頻度で美瑛町を訪れ，美瑛町の地域課題を探索するべく，住民や関係者にヒアリングを重ね，美瑛町の抱える課題について，その真因と解決策を分析し，提案しなければならない。いわゆる「周辺者」として外部の視点を活かし，美瑛町内部のフィールドワークを重ね，地域の人々には思いつかないような地域課題の解決策を，住民に対してプレゼンテーションすることが求められている。

　2014年の第一期では，冬期の観光客が伸び悩むことを美瑛町の課題としてとらえ，同町の観光資源の1つである「青い池」をライトアップする企画を提案したグループがあった。その他には，美瑛町の丘陵地帯を巡航するバスを提案したグループなどもあった。毎年提案は5つか6つなされるが，これまでに2案程度が，美瑛町で実現に至っている。

　このように地域課題解決研修では，地域の課題を異種混交のチームで課題解決することが求められるが，同時に試みられる，もう1つの課題がある―すなわち，リーダーシップの開発である。

117

上記のチーム活動③で列挙したチームや個人でおこなわれる振り返りや相互フィードバックは，リーダーシップ開発のための手段といえる。

振り返りでは，チームの状態が今どのようになっているか，自分にはどのような貢献ができているか，チームの中での役割分担は適切か，などを内省しつつ，今後自分たちがいかにあるべきかを考えることが求められる。チームに1人コーチングなどの経験をもつファシリテータが参加し，チームでの話し合いをリードする。

一方，相互フィードバックでは，グループで課題を達成していく中でお互いに気がついた仕事の癖や弱みを，相手に通知することが試みられる。こちらも，先ほどのファシリテータが議論を制御し，建設的な話し合いを実現させる。このような振り返りやフィードバックを通して，リーダーシップにつながる行動を強化し，問題となる行動を改善していくことが求められている。

チーム内には，情報収集の過程，話し合いの過程で，さまざまなコンフリクトが生じることがある。そうしたコンフリクトに向き合い，様々な人々からフィードバックを得て，リフレクションを繰り返し，一人ひとりがリーダーシップ行動を改善し合い，自己を成長させることが求められる。この研修では，一連の作業を通して，今後のリーダーに必要だと思われる「情報収集・業務遂行」「ストレス耐性」「自己成長」「多様性対処」「部下育成」の5カテゴリーの行動を改善することをめざされた。


## 2.2 研修目的とカリキュラム

地域課題解決研修は，筆者と5社の人事・人材開発担当者や美瑛町役場職員が議論に議論を重ねて，毎年，カリキュラムを構築している。

2017年度のカリキュラムは，セッション1（5月20日〜22日実施：3日間），セッション2（6月24日〜26日：3日間），セッション3（7月22日〜24日：3日間），セッション4（8月24日：1日間：東京開催），セッション5（9月15日〜17日：3日間），セッション6（10月21日〜23日：3日間）の6つのセッションにわかれている。以下，これらのセッションの概略を紹介する。

第4章　企業におけるリーダーシップ開発研修の効果

図4-1 チームごとに着席する参加者たち

図4-2 食材を選ぶ参加者

〈セッション1〉

　セッション1では，異業種5社の参加者たちが別々の6つのチームにわけられ，グループワークがスタートした。セッション冒頭，研修意義を説明した後，本プロジェクトにおけるグループワークのルールを説明した。

　グループワークのルールとしては，①お互いの強みや弱みを把握しつつ，時にはリーダーシップ行動を，場合によってはフォロワーシップ行動を発揮し合いながら課題解決をおこなうこと，②作業を1人ですべて担ってしまうのではなく，役割をチーム内で適宜分担して作業に当たること，③ディスカッションの際には，相互の考えの違いを隠さず，本音で議論をおこなうこと，④プロジェクトの折に触れて，チームで振り返りをおこない，必要に応じては相互フィードバックをおこなうことが語られた。

　セッション1の昼食時には，チームごとにチームビルディングのセッションを設けた。チームビルディングの課題に選んだのは「チームで協力して1時間で昼食を調理し，食べること」であった。参加者は，今日まで赤の他人であったグループのメンバーと話し合い，どのような料理をつくるかを決める。食材は，事務局が選んである。この食材の中から適切なものを選び，調理するといった活動に従事する。

　もちろん料理をつくって，みなで食べ合うことが，チームビルディングの主要な課題ではない。このチーム課題の遂行プロセスで起こった様々な出来事をあとで振り返ることで，お互いのリーダーシップ行動の補正しあい，チームワーク形成のきっかけを得るのである。これは本番の地域課題解決課題の，いわゆ

 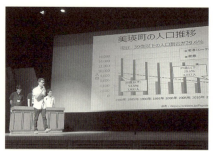

図4-3 昼食を準備している様子　　　　図4-4 チームでのプレゼンテーションの様子

る「マイクロワールド」のようなものである。参加者は本番の研修が始まれば，自分たちで課題を決めて，自分たちで解決策をつくりださなくてはならない。昼食準備の課題は，そのためのいわば「練習台」である。

　昼食は，無事に時間内に済ますことのできたチームと，時間がきても食べ終わることのできないチームがでてしまった。料理づくりというはじめてのチーム作業がうまくいかず，葛藤が生じているチームも存在する。

　料理を全員で食べ終わったあとには，チームメンバーは，昼食作りのプロセスのなかで起こった出来事やチームの状態・チームでだした成果を振り返ることが求められる。事務局からは，本番の地域課題解決においても，このように課題解決をおこないながら，相互に振り返りをおこなっていきつつリーダーシップ行動を改善していくことが重要であることが告げられた。

　セッション1では，参加者に対して課題解決技法やフィールドワーク技法，情報収集技法のレクチャーもおこなった。その後，参加者全員で町役場の関係職員にヒアリングをおこなったり，夜には，美瑛町の有力者や地元青年団との交流もおこなった。社会的背景が様々に異なるステークホルダーとの対話の中では，「地方活性化」と一口にいっても，様々な思惑があることを学ぶ。セッション1の2日目は，それまで得てきた情報をいったんグループ毎に，審査員にプレゼンテーションさせた。3日目は，情報収集活動をさらに継続した。

〈セッション2からセッション5〉

　セッション2からセッション5までは，①美瑛町での継続的なフィールドワー

第4章 企業におけるリーダーシップ開発研修の効果

図4-5 グループでのディスカッションの様子　　図4-6 今後のアクションを全員の前で宣言している様子

クをすすめてもらう一方，②フィールドワークに基づいて課題発見・解決策の探究をおこなった結果をグループごとに，美瑛町の関係者や有識者の前でプレゼンテーションしてもらい，コメントをもらうことがおこなわれた。

　地域課題解決研修で参加者に期待されていることは，地域を丹念にフィールドワークしつつ，物事をゼロから生み出すことであり，しかも，それを多様性あふれる異種混交のチームでおこなうことである。チームメンバー同士の話し合いは，直接顔をあわせて打ち合わせをおこなうこともあれば，SNSやテレビ会議などを用いながら効率的に話し合いをする必要もある。メンバーの中には，こうしたゼロからの事業創出の経験に困惑するものもいたが，セッションが進む度にグループ間で本音の対話が見られるようになった。また，美瑛町で情報を収集するにつれて，多くの矛盾する情報に翻弄され，議論が時に行き詰まるところもあったが，適宜，事務局からも必要に応じて介入をおこない，一定のアウトプットが出せる環境を整備した。

〈セッション6〉
　最終セッション（セッション6）は2つの活動から成立する。
　第一局面の大きな山場は，初日に開催される美瑛町長・住民に対する最終プレゼンテーションである。最終プレゼンテーションにおいて各グループは，半年間のフィールドワークで得た様々な情報をもとに，美瑛町の地域課題に関する解決策を約20分間にわたって，プレゼンテーションする。
　会場には，美瑛町長はじめ，町の関係者，有力者，住民など約150名が詰め

かけた。町長，関係者，住民には，採点をおこなうためのシートが渡され，プ
レゼンテーションの成果にジャッジをおこなった。

　地域課題解決を終えたあとは，リーダーシップ開発にとりくむ。1日をかけ
て，チームのこれまでの活動状況を振り返り，自分たちが，それぞれチームに
どのような貢献をしたのか，何が原因でチームワークを発揮できなかったのか
を振り返った。その後は，相互フィードバックをおこなった。個人でここまで
の半年間の出来事を振り返り，その後にチームでそれらをシェアした。その後，
グループ各メンバーから，各個人に対してポジティブなフィードバックととも
にネガティブフィードバックを交換する機会を得た。各人は，相互に交換した
フィードバックをいかしつつ，今後の自分のあり方を宣言する機会が設けられ
た。

　近年のリーダーシップ開発研究の動向において，リーダー自らが適宜，自分
の仕事等に対して省察をおこなうことと，なるべく多角的な視点からフィード
バックを受けることの有効性は，枚挙に暇が無い（Day 2001; Nowack & Mashihi
2012）。とりわけ普段はあまり指摘されないネガティブな内容を含むフィード
バックは，効果が高いことがよく知られている（Ashford et al. 2003; Raver et al.
2012）。地域課題解決研修は，このようなプロセスを通して，研修参加者のリー
ダーシップ行動を改善していくことをめざす。

# 3 地域課題解決研修の評価

## 3.1 評価のデータ

　地域課題解決研修第四期は，2017年5月20日から10月23日まで実施された。
本研修の評価は，研修の事前・事後に実施した質問紙調査に対して研修参加者
の上司に回答してもらった。質問紙は各社人事部よって回収後，筆者により統

計分析がなされた。回収締め切りまでのアンケートの回収率は93.1%（28名中27名）であった。

　評価項目は5つのカテゴリー「情報収集・業務遂行」「ストレス耐性」「自己成長」「多様性対処」「部下育成」の5つのカテゴリーのもと，「情報を多角的に分析して戦略や目標を構想できる」「SNSやテレビ会議などを用いて効率的に業務をおこなうことができる」（情報収集・業務遂行），「ストレスが高い環境でも，メンタル面を自ら維持することができる」「曖昧で不確実な状況に耐えて，業務を段取りよく遂行できる」（ストレス耐性），「自らの業務を時折振り返り，業務能力の向上につなげることができる」「自分の業務のあり方を客観的に見つめ，次のアクションをつくることができる」（自己成長），「多様性のあるチームやパートナーを調整し，率いることできる」「意見や価値観の異なるものを拒絶せず，いったん受容することができる」（多様性対処），「ひとりで仕事を抱えず，部下や他の職場メンバーに仕事を任せることができる」「部下や他の職場メンバーに適切な振り返りを促すことができる」（部下育成）の10の質問項目を単項目で上司に対して，研修の事前・事後に回答してもらう形でおこなった。各質問項目には「とてもそう思う（5点）」から「全くそう思わない（1点）」までのリッカート形式で回答してもらった。回答人数はN=27であり，1名の上司のデータが欠損データとなった。回答結果に対して，対応のある$t$検定をおこない，また検定力分析をおこなった。結果は，**表4-1**に示すとおりである。

　項目によって事前・事後において数値が上昇したものもあれば，下降したものがあったが，統計的有意な差は得られなかった（n.s.と表示）。ただし「情報収集・業務遂行」カテゴリーにある「SNSやテレビ会議などを用いて効率的に業務をおこなうことができる（$t$=−1.89, $p$<.10, $r$=.35（中））」の項目と，「多様性対処」カテゴリーにある「多様性のあるチームやパートナーを調整し，率いることできる（$t$=−1.91, $p$<.10, $r$=.35（中））」の2項目において統計的有意傾向の上昇を認められた。このことから，研修参加者においては，①多様性に対する対処，そして，②メディアを用いた情報収集と効率的な業務遂行の2点において，事前・事後でポジティブな変化が得られたことがわかった。

表4-1 研修の効果測定（上司評定値の事前・事後の変化）

| カテゴリー | 質問項目<br>（上司評定） | 事前<br>／事後 | 平均値<br>（Max=5,<br>Min=1） | 標準<br>偏差 | 有意確率 |
|---|---|---|---|---|---|
| 情報収集<br>・業務遂行 | 情報を多角的に分析して<br>戦略や目標を構想できる | 事前 | 3.52 | 0.80 | n.s. |
| | | 事後 | 3.37 | 0.92 | |
| | SNSやテレビ会議などを用いて<br>効率的に業務を行うことができる | 事前 | 3.85 | 0.86 | $t=-1.89, p<.10,$<br>$r=.35$（中） |
| | | 事後 | 4.11 | 0.69 | |
| ストレス<br>耐性 | ストレスが高い環境でも，<br>メンタル面を自ら維持することができる | 事前 | 3.85 | 1.02 | n.s. |
| | | 事後 | 3.70 | 0.77 | |
| | 曖昧で不確実な状況に耐えて，<br>業務を段取り良く遂行できる | 事前 | 3.67 | 0.62 | n.s. |
| | | 事後 | 3.56 | 0.80 | |
| 自己成長 | 自らの業務を時折振り返り，<br>業務能力の向上につなげることができる | 事前 | 3.89 | 0.42 | n.s. |
| | | 事後 | 3.93 | 0.67 | |
| | 自分の業務のあり方を客観的に見つめ，<br>次のアクションをつくることができる | 事前 | 3.85 | 0.36 | n.s. |
| | | 事後 | 3.81 | 0.55 | |
| 多様性対処 | 多様性のあるチームやパートナーを<br>調整し，率いることができる | 事前 | 3.00 | 0.73 | $t=-1.91, p<.10,$<br>$r=.35$（中） |
| | | 事後 | 3.37 | 0.83 | |
| | 意見や価値観の異なるものを拒絶せず，<br>いったん受容することができる | 事前 | 3.85 | 0.86 | n.s. |
| | | 事後 | 4.00 | 0.42 | |
| 部下育成 | ひとりで仕事を抱えず，部下や他の職場の<br>メンバーに仕事を任せることができる | 事前 | 3.41 | 0.79 | n.s. |
| | | 事後 | 3.48 | 0.75 | |
| | 部下や他の職場のメンバーに<br>適切な振り返りを促すことができる | 事前 | 3.33 | 0.78 | n.s. |
| | | 事後 | 3.30 | 0.72 | |

N=27

# 4 総括

　本章では定量的・定性的データを用いながら，5社異業種による地域課題解決研修の評価をおこなった。評価データは事前・事後に回収された上司による部下の能力評定値の比較をもっておこなわれた。

　評価の結果からは5つのカテゴリーのうち2カテゴリーが，その下位質問項目である「SNSやテレビ会議などを用いて効率的に業務をおこなうことができる」「多様性のあるチームやパートナーを調整し，率いることできる」の2項目において統計的有意傾向の上昇を認めることができた。しかし，残る3カテゴリー下位8項目においては，統計的有意な変化を認めることはできなかった。

　今後，地域課題解決研修は2018年〜2020年と残り2年にわたって実施されることが決まっているが，最後に，残された課題について，研修プログラム自体にどのような変化を加えればよいかを考察するものとする。我々は，今回得られたデータをいわゆる「形成的評価 (Formative evaluation)」として活用し，プログラムをより洗練されたものにしていくことを試みる。

　まず「情報収集・業務遂行」カテゴリーの下位項目「情報を多角的に分析して戦略や目標を構想できる」についての評価結果を見る。この項目に関する内容は，研修中，セッション1においてわずかな講義をおこなっているものの，これが十分ではないことがうかがわれる。とりわけ，今回の研修参加者においては，経営者に必要な論理的思考を駆使しながら，組織がめざす目標や戦略を策定する経験が不足していることが見受けられた。よって，今後は，研修コンテンツとしてこれを扱っていくほか，各回のセッションにおけるプレゼンテーションにおいても，論理的思考をいかに促すか，という観点からフィードバックをおこなっていくことが求められる。

　次に「ストレスが高い環境でも，メンタル面を自ら維持することができる」「曖昧で不確実な状況に耐えて，業務を段取りよく遂行できる」といった「ストレス耐性」に関しては，残された課題は大きい。このカテゴリーの下位カテゴリーの2項目両方が統計的有意ではないものの，事前から事後にいたるまでに評定値に低下がみられた。

多様性あふれるチーム活動においては，既述したように様々なコンフリクトがチーム内に生まれる。このたび，メンバーにはこうしたコンフリクトに向き合い，自らを見つめ直すといったストレス強度の高い活動が付与されたが，これらの活動を通して，不確実性の高い環境下において，メンタル面の維持をおこなうところまでは深化はできなかった。現有プログラム内にはそうしたコンテンツが存在していないので，その提供の可能性を模索することが重要である。

「自らの業務を時折振り返り，業務能力の向上につなげることができる」「自分の業務のあり方を客観的に見つめ，次のアクションをつくることができる」といった「自己成長」カテゴリー，また「意見や価値観の異なるものを拒絶せず，いったん受容することができる」といった「多様性対処」の一部，ないしは「ひとりで仕事を抱えず，部下や他の職場メンバーに仕事を任せることができる」「部下や他の職場メンバーに適切な振り返りを促すことができる」といった「部下育成」カテゴリーに関しては，各項目2項目存在するもののうち，1項目においてポジティブな変化が生まれ，他方には低下が見られた。こちらは現在プログラム内にて提供しているプログラムのさらなる洗練化をすすめ，受講生によりフィットしたコンテンツ提供をおこなうことが求められるだろう。たとえば，部下育成のカテゴリーにおいては，研修中において様々に提供されているフィードバックのやり方や手法を，部下に活用するのだとしたらどのようにおこなうか，など，研修転移 (Transfer of learning) を促すための様々な介入が考えられるだろう。

さて以上，本章では，地域課題解決研修を舞台に，アクションラーニングによるリーダーシップ開発の効果性を検証した。残念ながらすべての項目において，めざすべき目標は到達できなかったものの，今後，ここで得られたデータをもとに研修の形成的評価をおこない，さらなる研修コンテンツの充実化に進めていければと思う。

リーダーシップ開発，リーダーシップ教育に「終わり」はない。リーダーシップ教育を為す側も，自らの行動を振り返り，質の向上をめざすべく行動を改善する。そこには，「不断の経験学習」があるだけである。

## 参考文献

Ashford, S.J., Blatt, R. & VandeWalle, D.（2003）Reflections on the looking glass: A review of research on feedback-seeking behavior in organizations. *Journal of Management.* Vol.29 No.6 pp.773-799.

Ayoko, O. B. & Callan, V. J.（2010）Teams' reactions to conflict and teams' task and social outcomes: The moderating role of transformational and emotional leadership. *European Management Journal*, Vol.28 No.3 pp.220-235.

Bryman, A., Collinson, D., Grint, K., Jackson, B. & Uhl-Bien, B.（eds.）（2001）*The Sage handbook of leadership.* Sage.

Burke, M. J. & Day, R. R.（1986）A cumulative study of the effectiveness of material training. *Journal of Applied Psychology.* Vol.71 No.2 pp.232-245.

Collins, D. B. & Holton, E. E.（2004）The effectiveness of managerial leadership development programs: A meta analysis of studies from 1982-2001. *Human Resource Development Quaterly.* Vol.15 No.2 pp.217-248.

Conger, J. A. & Benjamin, B.（1999）*Building leaders: How successful companies develop the next generation.* Jossey-Bass.

Day, D.（2001）Leadership development : A review in context. *Leadership Quaterly.* Vol.11 No.4 pp.581-613.

Day, D. V., Fleenor, J. W. Atwater, L. E., Sturm, R. E. & Mckee. R. A.（2014）Advances in leader and leadership development: A review of 25 years of research and theory. *The Leadership Quarterly.* Vol.25 No.1 pp.63-82.

Dotlich, D. L. & Noel, J. L.（1998）*Action learning: How the world's top companies are re-creating their leaders and themselves（1st ed.）.* Jossey-Bass.

Facteau, C. L., Facteau, J. D., Schoel, L. C., Russell, J. E. A. & Poteet, M. L.（1998）Reactions of leaders to 360-degree feedback from subordinates and peers. *The Leadership Quarterly.* Vol.9 No.4 pp.427-448.

Hall, D. T., Otazo, K. L. & Hollenbeck, G. P.（1999）Behind closed doors: What really happens in executive coaching. *Organizational Dynamics.* Vol.29 Winter pp.39-53.

石川淳（2016）シェアド・リーダーシップ：チーム全員の影響力が職場を強くする. 中央経済社.

金井壽宏（2002）仕事で一皮むける. 光文社新書.

Krohn. R. A.（2000）Training as a strategic investment. Herling. R. W. & Provo. J.（eds.）*Strategic perspectives on knowledge, competence and expertise.* Berrett-Koehler.

Liu, D., Liao, H. & Loi, R.（2012）The dark side of leadership: A three-level investigation of the cascading effect of abusive supervision on employee creativity. *Academy of Management Journal.* Vol.55 No.5 pp.1187-1212.

McCall, M. W., Lombardo, M. M. & Morrison, A. M.（1988）*The lessons of experience: How successful executives develop on the job.* Lexington Books.

McCall, M. W.（1988b）*High flyers: Developing the next generation of leaders.* Harvard Bussiness Press.

McCauley, C. D., Moxley, R. S. & Velsor, E. V.（eds.）（1998）The Center for Creative Leadership

Handbook of Leadership Development. Jossey-Bass.

Mumford, A.（1980）*Making experience pay*. McGraw-Hill.

中原淳（2012）経営学習論：人材育成を科学する. 東京大学出版会.

中原淳（2013）経験学習の理論的系譜と研究動向. 日本労働研究雑誌. Vol.55 No.10 pp.4-14.

中原淳・金井壽宏（2009）リフレクティブマネジャー. 光文社新書.

Nowack, K. & Mashihi, S.（2012）Evidence-based answers to 15 questions about leveraging 360-degree feedback. *Counseling Psychology Journal*. Vol.64 No.3 pp.157-182.

Peterson, D. B.（1996）Executive coaching at work: The art of one-on-one change. *Consulting Psychology Journal: Practice and Research*. Vol.48 pp.78-86.

Raver, J.L., Jensen, J.M., Lee, J. & O'Reilly, J.（2012）Destructive criticism revisited: Appraisals, task outcomes, and the moderating role of competitiveness. *Applied Psychology: An International Review*. Vol.61 No.2 pp.177-203.

Revans, R. W.（1982）*The origin and growth of action learning*. Chartwell-Bratt.

Revans, R. W.（1984）*The sequence of managerial learning learning*. MCB university press.

Seifert, C. F. & Yukl, G.（2010）Effects of repeated multi-source feedback on the influence behavior and effectiveness of managers: A field experiment. *The Leadership Quarterly*. Vol.21 No.5 pp.856-866.

# 第 3 部
## リーダーシップ教育の展望

*Research on the latest Leadership Education*

# 第5章 早稲田大学での リーダーシップ教育

日向野幹也

　筆者は2016年4月に早稲田大学に着任してリーダーシップ教育を開始した。それ以前には，立教大学経営学部において学部開設当初 (2006年)，必修を含むリーダーシップ教育科目群であるビジネス・リーダーシップ・プログラム (BLP) を立ち上げ，2017年3月まで11年間にわたって主査を務めてきた。また，BLPの学生からの高評価を背景に2013年からは全学対象の選択科目群GLPも立ち上げ，同じく主査を務めてきた。これらの期間のことについて詳しくは日向野 (2013)，日向野・松岡 (2017) を参照されたい。

　立教大学における両リーダーシップ・プログラムが軌道に乗ったと思われる頃，以下にも述べるように早稲田大学でもリーダーシップ教育を開始したいと相談を受け，コンサルティングをおこなっているうちに，移籍して新しいリーダーシップ開発プログラムLDPを立ち上げることになった次第である。

　そこで本章では，早稲田大学での新しいリーダーシップ・プログラムの設置の背景，設計指針と詳細，ここまでの教育効果，運営体制づくり等について，立教大学との比較をおこないながら論じたい。

# 1 早稲田大学でリーダーシップ教育が
　　必要になった背景

　早稲田大学では，2032年の創立150周年に向けて「Waseda Vision 150」という中長期計画を策定して，現在その実行過程にある。そのなかに「十年間で十万人のリーダーを輩出する」という野心的な目標が掲げられている。早稲田大学を卒業する学生は毎年約1.2万人いる。このうち1万人のリーダーシップを開発しなくてはいけないことになる。これはおそろしく高い成果目標であるが，地道にリーダーシップ開発をおこなっていく他はない。そこでリーダーシップ開発プログラム（LDP）が設置されることになったのである。

　また，卒業生や大学執行部には，昔は，「早稲田は危機に強く孤立にも強いリーダーを輩出してくれている」という定評があったのだが，いまはその評判は落ちてしまったという危機感があるという。しかも，昔輩出されていたリーダーは，授業によって育成されたのではないようだという点も多くの人々の一致するところであるらしい。とはいえ，定評が落ちてしまったいま，それを取り戻すには，授業でも何でも使ってリーダー育成をおこなう他はないということである。しかし，昔，早稲田大学が輩出していたというリーダーが，本当にこれからの日本で必要とされるタイプのリーダーであるかどうかも自明ではないので，この点の確認作業も開始したところである。

# 2 早稲田大学でのリーダーシップ教育の導入

## 2.1 設計（第1巡）

　前節で説明したような要請を受けて授業準備に取り掛かったのであるが，早

|  | 春クォータ | 夏クォータ | 秋クォータ | 冬クォータ | 春クォータ | 夏クォータ |
|---|---|---|---|---|---|---|
| リーダーシップ開発 | LD1 プロジェクト型による入門 | LD2 質問によるリーダーシップ | LD3 考え方の技術 | LD4 プロジェクト型による社会人生活への架け橋 | | |
| | | | LD1 | LD2 | LD3 | LD4 |
| 他者のリーダーシップ開発 | | | OD1 | OD2 | OD3 | OD4 |

**図5-1 LDP全体（1～4）の流れ**

　稲田大学の学生を教えた経験はなかったので，2016年度に正課として開講する前に，トライアルと称して単位無しの企業連携PBLを（実際の授業とほぼ同じく）2コマずつ7週間でおこなう機会を得た。このときの感触は，立教大学での経験を活かせば，大きな問題はないのではないかというものであった。もちろん，15週のセメスターで週1回ずつ授業をおこなう場合に比べて，7～8週のクォータの場合は授業時間外の作業時間が半減するという制約はあるが，その他の点では支障がないと思われたのである。

　4つのクォータに連続して配置したLD1・2・3・4のうち，LD1とLD3をPBLとし，LD2には質問会議を置いた。LD4はインターンシップ型PBLである（**図5-1**）。まず，第一段階の授業をどう設計したかであるが，早稲田大学でのリーダーシップ開発プログラム（LDP）は全学対象の選択科目（早稲田大学では「オープン科目」と呼ばれる）である。その意味では第3章で分析されたBLPよりも，立教大学で言えばむしろ2013年に始まった全学対象のGLPに相当するプログラムであり，大隈講堂のある早稲田キャンパス以外に，西早稲田キャンパス，戸山キャンパス，所沢キャンパスなどから，あらゆる学部の受講生が集まってくる。

　よって立教大学での経験のうち，次の部分は，そのまま踏襲した。①最初は理論のインプットは最小限にして，まずPBLによって，リーダーシップをグループのなかの誰かが発揮せざるをえない状況を教員が用意し，実際にリーダー

シップをとってみることを最初に経験してもらう。②そのあとに（あるいはその最中にも）振り返りと改善策宣言を徹底しておこなう。③次の学期でスキルを強化し，そのまた次以降の学期でPBLをおこなって各自自分の進化を自覚できるようにする。この３つである。また，「最小限の理論」としては，PBLの学期のうちから「リーダーシップ最小３要素（目標共有・率先垂範・同僚支援）」[1]を繰り返し

---

[1] 「リーダーシップ最小３要素」は，日向野（2015）で提唱したもので，クーゼスとポズナー（Kouzes & Posner 2014）の「５つの実践」を，さらに単純化して３つに縮めたものである。学生が自分で行動しながら振り返るには５つより少なくできるならそのほうがよいことと，５つのなかにはchallenge the processのように学生のプロジェクトには必ずしも必要でないものも入っていることを考慮した。

典型的な例をあげて説明してみよう。浜辺に瓶や缶などのゴミが大量に散らかっている。ある人がたった１人でゴミを拾い始める（率先）。彼の頭の中にはゴミがまったく落ちていない美しいビーチが思い浮かんでいる（目標設定）。その人の様子を見て，「なぜそんな面倒な作業をしているのか？」と問う。彼は「この砂浜からゴミがなくなったら，昔のように，砂の上で遊べるじゃないか」と返す（目標共有）。そう言われて彼も一緒にゴミを拾い始める（率先が垂範にいたる）。それを見ていた人が加わろうとするが，素手で危ない。そこで最初の男が手袋を貸してあげる（同僚支援）。

この例では目標はゴミがまったくない美しいビーチが成果目標であり，そこを目指して，ゴミを拾うという単純な作業を繰り返せばよい。ごく単純な作業で，人数が増えれば増えるほど早く作業が終わる。個人の得手不得手や個性や特殊技能は要らない。ダイバーシティや自由な発想もほとんど出番がない。このような場合には３要素はほぼ紛れなく定義できる（物理学における真空状態や，経済学における完全競争のような，理論の出発点でもある）。

ところが，ゴミを拾うという１つの作業以外に，別の種類の作業（行動）が必要になると事情が違ってくる。拾うだけでは片付かず，実は拾ったものを大きな袋に入れて運搬するという作業が必要で，そこについてもそれぞれ目標共有・率先垂範・同僚支援がある。また，ゴミ拾いグループと，ゴミ運搬グループの間で目標が完全に共有されているという，より高次の目標共有も必要になる。さらに，作業と作業の間に相互作用や相乗効果，あるいは逆に交叉（クロス）副作用があったり，個人個人の得手不得手がはなはだしかったり，特殊技能のあるなしで効率がまったく違ったりする場合になると，それぞれの作業分野で率先垂範や同僚支援がいちいち発生する。そうなると，全体を俯瞰したときに３要素が並列した形では観察しづらくなる。

このように，リーダーシップの３要素だけでリーダーシップ現象を説明し尽くせるのは，砂浜のゴミ拾いのような（しかも運搬は無視するような）単純な場合であり，大学生活で日々発生するニーズに対しても，学生が自発的にリーダーシップを発揮して対応していくのは，単純作業をこなす人数を動員するところが焦点であるだけに３要素で説明したり体験したりできる部分が大きいのであろう。

追加的にいろいろな条件が加わっていけば３要素のどの要素がどこにあるのかわかりづらくなっていく。しかしそのこと自体は，どんな抽象モデルにも起きることであって，リーダーシップ最小３要素の考え方の価値を減ずるわけではないのである。この「３要素」は，立教大学では2015〜2016年度の2年間使用され，早稲田大学では2016年から現在も使用されている。

用いた。

　他方，立教大学での経験と異なる点として，第一には前述したようなクォータ制であること，第二に，TA (Teaching Assistant) 養成を主要な目的として，「他者のリーダーシップ開発」という科目を，LD1からLD4と並行する形で秋から開始したことである（**図5-1**）。立教大学では2014年度から毎年経営学部の私の演習で「他者のリーダーシップ開発」をテーマにしていたが，科目名はあくまで「演習」でありTA養成を目的にもしておらず，実質的にも形式的にもリーダーシッププログラム（BLP）とは別のものであったが，早稲田大学では科目の正式名称になりTA養成も明確な目的の1つになった。


## 2.2 実施と結果（第1巡）

　授業を進めていくうちに，学生のなかから，我々が予想していなかった反応が出てきた。まず，LD1などのPBL科目（1巡めではLD3もPBLであった）で，立教大学ではほとんどない現象が観察されたのである。

　LDPでは，立教大学と同じように，授業の最初に，これから身につけてもらうリーダーシップは，権限や役職を前提としないのだということは説明する。もともと教員はグループに入ってはいないので学生のグループ内に権限者はいない。そのうえで全員がリーダーシップをとることを推奨する。そうしないと成果が出づらいような環境を用意するのである。リーダーシップの最小3要素のことも説明するが，まだ体得はしていない。すると，少なくない数のグループで，メンバーの言うことを批判したり論破したりしていわばマウンティングを試みているかのように見える者が現れて，反発や衝突が起きるのである。彼らは，LD1では企業への企画提案を作るグループプロジェクトで，6週間の持ち時間のうち5週間を，「何について提案するか」という基本方針について，チームメートの持ってくる提案を片っ端から論破することにもっぱら費やしていて，授業中は提案作りの作業がまったく進まない。その結果として，早めに提案の方向性を絞って提案を磨いてきた他のチームにコンペで惨敗したり，やむなく授業時間外で一部メンバーが自発的に練っていた提案を本番に提示して何とか

間に合わせたりする。それでも「論破」に専念してきた当人は，ひどい場合は，コンペの本番に欠席することすらある。

　また，最後の1週間で急速に挽回するものの，プロジェクト成果物（クライアント企業への提案）の質は，立教大学に比べて，あまり高くなかった。ただ，このときはLD1学期末のアンケート1回分が手元にあるのみで，クォータ制で授業外グループワークの時間が不足しがちなことが原因なのか，それとも上記のようなグループ内の対立状況が原因なのか，あるいは両方なのかはっきりとはわからなかった。


## 2.3 第1巡についての考察

　クォータ制は変更不可能であったので，もう一方の課題を何とかしたいと考えた。こうした対立は立教大学ではほとんど見受けなかった現象である。なぜ批判や論破がおこなわれるかであるが，どうやら，リーダーシップをとるためには他者に対する優越性を示さなくてはいけないと思い込んでいて，優越性を示そうとするためのようなのである。この「リーダーシップ＝優越性（dominanceあるいはsupremacy）」という固定観念がありうることには，うかつにも私は立教大学での11年間には気づかなかった。気づいたのは，早稲田大学に来て，自分は優越性を示せると確信している（確信したい）ように見える学生が，かなりの頻度でいたからである（まさにその同じ理由，つまり優越性を示すことが必要だという思い込みから，立教生の多くは「自分はリーダーシップとは無縁」と思い込むのかもしれない）。早稲田生のその思い込みの最も極端な現れは，グループワークで常にチームメートを「論破」しようと試みる場合である（いま思うと立教大学にも時々そういう学生はいたが，どういうことなのか私はよく理解できずにいた）。

　この話を早稲田の学生にしてみると，議論することは大事じゃないんですか？と質問が出る。「チームの成果のために議論しているか？」「自分の優越性を示すことが目的になってないか？」というのが私の反問である。議論することがより良い成果のためではなく，いわばマウンティングのためであってはリーダーシップとは無縁になってしまう。そもそも論破されマウンティングされた側が，

それ以後進んで自発的・創造的に動いてくれるものかどうかには考えが及ばない。おそらくマウンティング自体が目的になっていて，チームの成果には関心がないのであろう（コンペ本番欠席はその現れと考えられる）。

　また，2016年度におこなった7週間の「トライアル」授業でもそれに気づかなかったのだが，後から考えると，もともと集めた学生が，学内にあった他のPBL授業の経験者を中心に勧誘したので，グループワークやプロジェクト型学習に慣れていたためだったのだろう。

　なお，考えてみれば，権限や役職も優越性のバリエーションであるとも言えるので，こうした思い込みは，一部の人たちに特有の思考法なのではなくて，リーダーシップと言えば権限の発揮のしかただと思い込んでいる人たちと同根であると言えるかもしれない。なお，念のために付言すると，早稲田大学にも「自分は他人を論破するなんてできない・やりたくない」と思っている学生は大勢いて，おそらくそれが多数派かもしれない。立教大学の場合は多数派というより圧倒的多数になるという程度の違いと思われる。

　また，リーダーシップと優越性の関係について念のため補足すると，グループの成果に貢献するためには他人にはないスキルや知識があるほうがいいのは当然である。問題なのは，他人にはないスキルや知識を，マウンティングの武器にするだけでグループの成果に繋げようとしないところにある。

　さらに，上記のような「論破好き」学生の非常に苦手なのが「周囲に支援を求めること」である。彼らには，リーダーシップ最小3要素の1つが「同僚支援」でありグループワークは相互支援そのものであることが理解できず，周囲に支援を求めたら，それは負けを認めることであると思い込んでいる節がある。


## 2.4 設計（第2巡）

　どうしたものかと悩んでいるところで，LD1を受講した学生のうち，次のLD2を受けてから次のPBL科目であるLD3（当時はPBLであった）に進んだ者と，LD2を飛ばしてLD1から直接秋のLD3に進んだ学生との間にかなりはっきりしたビヘイビアの違いがあることに気づいた。つまりLD2を受けた学生と受け

ていない学生がLD3で異なる挙動を示しているように見えるのである。

それは，リーダーシップ最小3要素で言えば「同僚支援」であり，それを集中的に強化したと思われるのが，LD2のコンテンツである「質問会議」である。

実際におこなった設計変更というのは，当初LD2はOD1～4「他者のリーダーシップ開発」に誘導することに主な目的があったのだが，そこからLD2の学習目標をAL (アクションラーニング) コーチ養成にはっきりと移したのである。そしてLD1の受講生が全部来ても収容できるようにLD2のクラスを増設してLD1の学期開始当初から受講生に対して積極的にLD2受講を推薦・勧誘した。また，同時に，秋始まりのLD1・LD2も増設して，年間で60名程度のALコーチを輩出できるようになった (**図5-1**)。

こうしたLD2強化は上記の直観的ファインディングに基づくものであったが，翌年 (2017年度) に，LD1終了時とLD2終了時で，両方を続けて受講した学生についてアンケート調査をおこなって，このことは一部実証され，統計的根拠無しにおこなった設計変更が見当違いではないことが後からわかることになった。

**表5-1**は，2017年度春クォータLD1終了時と，夏クォータLD2終了時に，リーダーシップ3行動の実行に関する自己評価の共通アンケート (共通設問) によって，通時的比較をおこなったものである[2]。アンケートに回答したLD1受講生36名のうち同年度に引き続きLD2を受講したと確認でき，アンケート記入に不備のなかった者が22名で，その他の者についてアンケートはとれなかったので，共時的比較はできていない。

〈共通設問〉

24個の項目に関して自分がその学期中に得た学びについての自己評価を回答してもらった。リーダーシップ最小3要素それぞれについて8つずつ，クラスやグループに関連して発生する思考や行動のパターンをリストしたものである。自己評価であるので，観察可能なものに限定せず，発想や考え方に関するものも含んでいる。選択肢は5件法 (0：この授業ではその学びは得られなかった～4：常に○○

---

[2] 質問票の作成と回答の集計，統計処理については株式会社イノベストの上村啓輔さんと早稲田大学大学総合研究センター助手の石井雄隆さんのご協力を得た。

**表5-1 ウィルコクソンの符号順位検定結果**

| | | | | 平均値 | 標準偏差 | 偏差値 | 効果量 |
|---|---|---|---|---|---|---|---|
| 目標共有 | 1 | 多くの人達が目指したくなる目標を設定し，一緒に実現しようと伝えるようになった | LD1 | 3.14 | 0.99 | -1.33 | .16 |
| | | | LD2 | 2.91 | 0.97 | | |
| | 2 | チームで何かの目標達成を目指している時，他者のやる気を引き出す行動を取るようになった | LD1 | 3.00 | 0.82 | -2.12 * | .44 |
| | | | LD2 | 3.41 | 0.67 | | |
| | 3 | 目標の達成を目指し続けることで，皆にとってメリット（良いこと）があることを説明するようになった | LD1 | 2.73 | 1.16 | -2.07 * | .44 |
| | | | LD2 | 3.23 | 0.69 | | |
| | 4 | 何か一緒に物事を進めるにあたり，どうすれば良い結果を出せるか，自分なりの考えを（戦略・作戦）を示すようになった | LD1 | 3.36 | 0.85 | -0.54 | .09 |
| | | | LD2 | 3.27 | 0.98 | | |
| | 5 | メンバーの目標達成へのモチベーションが下がっている理由を感じ取り，何か手助けできないか考えるようになった | LD1 | 3.09 | 0.92 | -2.84 * | .53 |
| | | | LD2 | 3.68 | 0.48 | | |
| | 6 | チームで何かの活動に取り組む時，どのようなことを大事にしながら動いて行きたいか，話し合うようになった | LD1 | 3.14 | 0.89 | -0.32 | .09 |
| | | | LD2 | 3.00 | 1.27 | | |
| | 7 | 自分とは合わないと思う人でも，目標達成のためなら受け入れられるようになった | LD1 | 2.68 | 1.29 | -1.00 | .24 |
| | | | LD2 | 3.09 | 1.02 | | |
| | 8 | チームで何か活動を共にしている時に，どのような結果に終わろうと，成長に繋がっていることを第二の目標として伝えるようになった | LD1 | 2.50 | 1.30 | -1.38 | .28 |
| | | | LD2 | 2.91 | 1.15 | | |
| 率先垂範 | 1 | 意見交換が白熱する中でも相手の気分を害しないようなコミュニケーションを取るようになった | LD1 | 3.18 | 1.05 | -1.81 | .39 |
| | | | LD2 | 3.50 | 0.67 | | |
| | 2 | 自分以外の人達にも取って欲しい行動を自ら取り，手本を示すようになった | LD1 | 3.32 | 0.65 | -1.27 | .27 |
| | | | LD2 | 3.14 | 0.77 | | |
| | 3 | 自分以外の人達がお互いの手本になる行動を率先して取るよう働きかけるようになった | LD1 | 2.86 | 0.77 | -1.00 | .21 |
| | | | LD2 | 3.05 | 0.95 | | |
| | 4 | 他者に実行すると宣言したことは必ず成し遂げるようになった | LD1 | 3.18 | 0.73 | -0.73 | .16 |
| | | | LD2 | 3.32 | 0.65 | | |
| | 5 | 自分の行動が他人からどのように思われているか，色んな人に助言を求めるようになった | LD1 | 3.09 | 0.92 | -0.04 | .00 |
| | | | LD2 | 3.09 | 0.97 | | |

| | | | | 平均値 | 標準偏差 | 偏差値 | 効果量 |
|---|---|---|---|---|---|---|---|
| 率先垂範 | 6 | 何か一緒に物事を進めるにあたり，自分が大切にしたい価値観へ共感が得られるよう働きかけるようになった | LD1 | 3.05 | 1.00 | -0.79 | .18 |
| | | | LD2 | 3.18 | 0.80 | | |
| | 7 | 自分が周りの人達に与えている影響が，どのようなものか客観的に考えるようになった | LD1 | 3.32 | 0.89 | -0.68 | .15 |
| | | | LD2 | 3.18 | 0.66 | | |
| | 8 | 色んな人と助け合いのできる人間関係が築けるよう，自らコミュニケーションを取るようになった | LD1 | 3.50 | 0.74 | -0.38 | .08 |
| | | | LD2 | 3.55 | 0.51 | | |
| 同僚支援 | 1 | 友人や知人，アルバイトやインターンシップ先の同僚など，自分以外の人が目指している目標の達成を，できる範囲で助けるようになった | LD1 | 3.09 | 0.61 | -0.58 | .12 |
| | | | LD2 | 3.18 | 0.59 | | |
| | 2 | チームで何か一緒に活動する際に，相手にどう行動して欲しいか細かい指示を出さず，任せるようになった | LD1 | 2.68 | 0.99 | -0.29 | .04 |
| | | | LD2 | 2.73 | 1.08 | | |
| | 3 | 友人や知人，アルバイトやインターンシップ先の同僚が，良い貢献をした時に褒めるようになった | LD1 | 3.36 | 0.79 | 0.00 | .05 |
| | | | LD2 | 3.41 | 0.85 | | |
| | 4 | 頼りにしている人には，頼りにしていると素直に伝えるようになった | LD1 | 3.55 | 0.60 | -0.71 | .18 |
| | | | LD2 | 3.41 | 0.80 | | |
| | 5 | 一緒のチームで取り組んでいたことが上手く行ったときに，皆のおかげであることを伝えるようになった | LD1 | 3.59 | 0.73 | -0.70 | .17 |
| | | | LD2 | 3.41 | 0.91 | | |
| | 6 | 多くの人が手本としている行動をいつも取る人を，皆の前で褒めるようになった | LD1 | 3.18 | 0.91 | -1.46 | .31 |
| | | | LD2 | 2.82 | 1.33 | | |
| | 7 | 自分以外の人が目指している目標達成の過程で，モチベーションが下がっていると感じた時は，意識して励ますようになった | LD1 | 2.82 | 1.01 | -1.84 | .40 |
| | | | LD2 | 3.27 | 0.77 | | |
| | 8 | 自分以外の人の貢献に対し，感謝の気持ちを伝えるようになった | LD1 | 3.64 | 0.58 | -0.72 | .16 |
| | | | LD2 | 3.50 | 0.80 | | |

*$p < .05$

偏差値=$Z$, 効果量=$r$

している）を採用した。これをLD1終了時（6月初め）とLD2終了時（8月初め）にそれぞれ実施した。

**表5-1**は，分析結果をまとめたものである。分析に用いた2群のデータには正規性がなく，なおかつ2群に対応があるデータであるため，ウィルコクソンの符号順位検定をおこなった。LD1後よりもLD2後の平均値の方が5％水準で有意に高く，中〜高程度の効果量が確認できた設問は「目標共有2（$Z=-2.12$, $p=.034$, $r=.44$）・目標共有3（$Z=-2.07$, $p=.039$, $r=.44$）・目標共有5（$Z=-2.84$, $p=.005$, $r=.53$）」であった。

有意差の見られた3つの設問は，いずれも共通の目標達成に向けて同僚をモチベートし支援する行動を指しており，支援に関する早稲田生の意識や行動を，質問会議を主要内容とするLD2が大きく変えている可能性を示唆している。特に，これらの設問はすべて「目標共有」に関するものであることから，早稲田LDPでよく見られる「他者に頼らず1人で目標達成を目指そうとする姿勢」からの脱却に，質問会議というリーダーシップ開発手法が効果的である可能性が示唆された。

# 3 LDP授業の詳細

LDPのどの授業も毎週1回2コマ連続180分であり，8週間で完結し，2単位である（クォータ制）。また，LD1とLD2は，春夏と秋冬に年2回ずつ開講されるので，PDCAサイクルのスピードも（教員がインプットする準備時間も2倍にできるならば）最大で2倍であるとも言える。これを考えると，下記の各段階は，それぞれ1年から2年，つまり全体で最短3年，長くても6年で形になることを目指している。

## 3.1 リーダーシップの基礎理解

LD1とLD2で「リーダーシップの最少3要素」について繰り返し説明し，フィードバックにおいても用いている。また，LD2等においては質問会議以外のリーダーシップ関連の書籍も課題として課している。

## 3.2 自己理解

自己理解は，リーダーシップの発揮について非常に重要である。LDPにおいては，LD1からLD4まで全科目においてSBIフィードバックの機会が学期中にあり，自分のその時点での得意不得意が自覚できるようになっている。また，LD1においてエニアグラムを使って自分のその時点でのタイプを自覚させることによって，リーダーシップには共通の最少3要素があるとはいえ，その発揮のしかたには個性があってよいことが自然に理解できるようになっている。

## 3.3 専門知識・スキル

大学の授業のどこかでスキルを教えるべきことについては広い意見の一致が得られるであろう。意見が別れるのはどのようなスキルをどのタイミングで誰がどのように教えるべきかではないか。1つの考慮要因として，習得したスキルを使わざるをえないアウトプットの場面が近い将来にあるほど習得の意欲は高くなる。座学中心ではなく立教大学や早稲田大学のような経験学習に基づくリーダーシップ科目には，学生がいくつかのスキルを使う「本番」が豊富にあり，それに合わせて（直前に）スキルを教えるのが効率的である。

早稲田大学LDPにあっては，PBL科目（LD1とLD4）では，ビジネスプラン作成法，プロジェクトマネジメント，プレゼンテーション術などをインプットしては直ちにアウトプットするという短いサイクルを繰り返しながらスキルを身につけさせる。LD1とLD4で必要になる最小限度の専門知識は，科目のなか

で，教員とクライアントからインプットしている。典型的にはマーケティングの初歩や，サプライ・チェーン・マネジメント等である。

LD2とLD3はPBLではなくスキル強化のための科目である。LD2ではフィードバックと質問のスキルを，LD3では考える技術とキャリアデザインのスキルを集中的に学ぶ。


## 3.4 市民性

MBA等の社会人教育や研修においても，特にエンロン（不正会計）事件（2001年）のあとは倫理性が強調されるようになった。大学等の教育機関の場合はもともと市民性や倫理性を重視していたので，リーダーシップ教育にそれらを含めることに違和感は少ないと思われる。具体的には，LD1からLD4のどの科目にも設けられているグループディスカッションやグループワークの時間帯に，どのメンバーにも発言権がある（他メンバーの発言を封ずる権利は誰にもなく少数意見も聞かねばならない）ことで合意しているという意味でのいわば小範囲での市民性（civility）と，グループワークの目指すものが反社会的・非合法なものであってはならず，むしろ社会の役に立つものであるべきだという意味での市民性（citizenship）とが確保され重視される。


# 4 どのように授業づくりの 運営体制（組織文化づくり）をしているか

## 4.1 トライアル

2016年4月からLDPを開講するのに先立って15年秋にトライアルと称する

1クォータ弱の単位なし授業を開く機会を与えられた。このトライアルからは2名のLDPの熱心な受講生が生まれ，「他者のリーダーシップ」まで受講しTAとしても活躍している。

この授業方式は早稲田大学では珍しくないようで，正式に開講する前に学生のニーズを探り，教員は早稲田大学の学生に慣れる等の点で役に立つ。もしもLDPが将来学内の別な部署で科目を開講することになった場合には再びこの制度を使わせてもらうことになるかもしれない。その価値のある制度である。


## 4.2 職員の協力を得る

立教大学経営学部BLPのスタート時の関門がこれである。2006年発足のときにはBLPは教務上，最も変則的なことが多いプログラムで，なかなか職員の理解が得られなかった。成果はまだゼロで，他大学にも先例がなく，担当しているのは学部長でも学科長でもなく，その分野で名声もない（その分野自体が日本で知られていない）新任の1人の教授。学部長は推進を唱えているが学部教務委員会はもちろん教授会も半信半疑で，外部資金・若手教員・事務局・専用スペースのいずれも持たないような新規プログラムであるのに，担当者は（前例のない）15個の教室を同一時間帯に使いたいと言う。さらに大教室の出席表配布・収集作業やパソコン設置のために雇用するSAを，わずか20人のクラスに1人ずつ張り付けて受講生の学習の支援をさせたいと要求する。これほど教務事務にとって初づくしの条件の揃うことも少なかったろう。辛うじてSAの雇用だけは認めてもらえたが，教室は実現しなかった。

その2年間の状態を早稲田大学でまた最初から繰り返さないために，最初から授業の性質を理解してもらい，協力をいただけることを確約してもらった。前項の「トライアル」授業の開講も，そうした課程で職員から出てきた提案によるものである。

また，早稲田大学では教員はタッチせずに職員が担当している単位なしの授業がかなりの数あって，その多くがプロジェクト型なので，私どものリーダーシップ授業に見学に来てくれた。さらに，この授業プログラムの改善のための

プロジェクトを大学総合研究センター内に立ち上げて，そのときの管理職の職員数名に（数人の教員とともに）ボランティアでプロジェクトの委員になってもらって助言と協力をいただいている。

## 4.3 教員のリクルーティングと組織化

立教大学経営学部BLPの場合は，最初から15クラスであったので，新任の私が全担当教員を指名するわけにはいかなかったが，早稲田では最初はわずか2クラスだったので，トライアルと最初の春クォータを一緒に担当してもらえる相方を探すだけでスタートできた（夏クォータは私一人で済んだ）。現在でも年間で10クラス（ODを入れると14クラス）を5人で回しているだけなので，小さく機動性が高い状態である（専任教員は筆者1人のみ）。この教員5人の間では，現代日本の若者にリーダーシップ教育がぜひとも必要であること，その普及のために，早稲田大学では小規模でも質の高いプログラムとして開始して，学生や教職員の支持を得て大きくしていくという方針で進めること，そしてさらに，全国の大学・高校にリーダーシップ教育科目がある状態を長期ゴールとして，立教大学と早稲田大学を拠点にそれを広めていくというビジョンについては全員で合意ができている。

## 4.4 ゼミにしてゼミにあらざる「他者のリーダーシップ開発」

立教大学経営学部では，学生全員がリーダーシップ科目を最短でも1セメスター受講しているので，学生本人のリーダーシップ開発が重要であることは学生に理解されている。そこで2年次からの私の専門演習では，リーダーシップ教育を受けたことのない人を対象にリーダーシップ教育をおこなうにはどうしたらよいかを「他者のリーダーシップ開発」と称して2013年度以降のテーマにしていた。これを早稲田大学では，LD1〜4と雁行するOD1〜4という正規科目として開講し，ゼミとして運営して，LDPの授業TAの養成場所・人材プー

ルとしている。

　個別学部とは別組織として全学対象科目を開く拠点のGEC（グローバル・エデュケーション・センター）でゼミはきわめて珍しいので，このゼミをどう開設し運用するかについては100％の自由度があった。前例にならうとか，他のゼミに揃えるといった制約がまったくないのである。私も専任教員として都立大学で22年間，立教大学で11年間，ゼミを持ってきて，制度としてのゼミの良い点も悪い点も心得ているつもりである。

　良い点は，よく言われるように，少人数でインテンシブな教育ができることである。しかしそのためになぜ固定メンバーシップをとっているのだろうか。確かに，ある程度親しくなったメンバーであるほうが，自由な討論がおこなわれやすいかもしれない。ただ，組織としてのゼミの高い目標が充分に共有されていないと，やがて親しさは馴れ合いになりかねない。2年から3年，3年から4年に進級していくときにゼミから追い出されるようなことも，受け皿がないだけにきわめて珍しいので，ゼミが出席だけしていればいい楽単（楽な単位）と化すことすらある。

　同じメンバー（cohort）が一緒に2年間も3年間も居続けて進級していくという，終身雇用制そっくりの仕組みもその傾向を助長する。専門分野への興味が途中で変わってゼミを変わりたいと思っても，中途採用に門戸を開いているゼミは圧倒的に少ないので移れないというのも一昔前の日本の雇用状況とそっくりである。2年生から専門ゼミに入って，卒業までに興味関心が変わるのはよくあることのはずだが，普通のゼミ制度はそれに対応しているとは言いがたい。また，新ゼミ生の選考を上級生の面接でおこなうというのも企業の新卒採用と酷似していて，価値観や風土の継承にゼミの時間を割いてしまう。

　連続式の履修（先修規程による縛り）については，基礎から応用へと積み上げ式の科目なので順に履修すべきであるという理由であろう。しかし順番は変えられないとしても留学で1年あいだが空く等，各自のペースで履修したい事情もあるはずで，学部で留学を奨励するのならゼミもそれに合わせた体制になっているほうがいいはずである。しかし旧来のゼミはそうではなく，同時に入ゼミした学生たちが同じメンバーのまま卒業まで一緒に進級していくのが普通である。しかし，同じメンバーによる進級をこれほどまでに重視しなくても，ゼミに入

るまでに，学生が初歩のリーダーシップを学んでいれば，年次進行が異なって同じメンバーでなくなっても，ゼミの学習目標を共有し（共有できるような学習目標をかかげているゼミを選択し），率先垂範と同僚支援を励行すれば，「仲が良い」とか「いい風土」とかは後からついてくるのではないかと思う。

　従来型のゼミについての試論にだいぶ紙数を費やしてしまったが，「他者のリーダーシップ開発」ゼミは，上述の短所を極力減らすように工夫した。そして，LD1〜4の授業に興味をもってそこにかかわり続けたいと思ってくれた学生を結集して，TAを育成し育った人材のプールになるようにODを組織したのである。

　まず，短所を軽減する方策であるが，学生たちに長くかかわってもらうためには，それぞれ他にやりたいことがあることを積極的に認めて，選択の結果としてその学期はたまたまゼミに居るのだという認識を教員がもつこと，そして，学期（クォータ・セメスター）や年度ごとにそうした個人個人の事情は変化するので，結果として全学期連続してゼミを履修した学生が少なくてもそれはそれでしかたないと覚悟し，さらに，途中で何人かが離脱しても，また場合によって戻ってきても，変わらずコミュニティの一員として遇する方針であることを周知徹底した。結果としてOD1からOD4まで連続履修し続けた学生が5人残ってODコミュニティの幹事的存在になり，その周りに，中途離脱したり，また復帰したりで最短でないスケジュールになった約20人の学生が居て，TAの人材プールにもなっている。また，LD2で集中的にとりあげる「質問会議」のコーチ養成に不可欠な熟達したコーチも，このプールから多数派遣できた。

## 4.5 資金調達

　関係者の理解と協力は最初からいただけているものの，どうしても必要な支出のうちで，旧来の授業方式しか想定していない大学予算の規定外になるものは，自前で調達する他はない。調達先として有力なのは，リーダーシップ教育に理解のある企業である。そうした企業にクライアントになってもらい，学生への共通課題を出題してもらってPBLを組み，プログラムへの資金援助もいた

だくという，立教大学で2011年からおこなっている方式であり，早稲田大学でもこれを踏襲している。

## 4.6 大学イントラプレナーシップと教員のリーダーシップ

　上記のように，まったく新しい授業方式を採用しようとすれば，大学と自分ですぐに用意できるリソース以外のものを継続的に調達し続ける必要がある。何らかの方法でリソースの制約を超えて新しいことを始めるという意味でこれは典型的なアントレプレナーシップであり，大学という組織内であることを加味すれば大学イントラプレナーシップ（大学内起業）でもある。アントレプレナーシップやイントラプレナーシップに不可欠なスキルの中核が，他ならぬリーダーシップである。つまり，教員たち自身がリーダーシップを問われることになる。ましてこの科目はリーダーシップ開発であるから，学生は教員自身が（権限によらない）リーダーシップを発揮しているところを間近に見ることで学習の意欲と効果が上がるのである。逆にリーダーシップを発揮しない教員は言行一致していないのであるから，学生から見ると説得力が足りないことになって，これは教育効果に悪い影響があるだろう。

　その意味では，学生が日頃接する教職員のリーダーシップ開発研修も不可欠と言える。早稲田大学では，人事課からの依頼によって，職員の入職1年目・2年目・5年目という相当に若い段階の職員を対象に，リーダーシップに限定した研修をおこなっており，研修講師として私たちLDP教員が入っている。なお，2018年度からは人事制度自体が大幅に変更され，入職年次ではなく職階に応じて階層別に研修がおこなわれる予定であり，LDPとしてはこれに沿って人事部と一緒に研修内容の更新をおこなっていく予定である。

# 5 今後の課題と展望

　3から4節で詳述したように，17年度は早稲田生の傾向と思えるものに対処すべくLD1とLD2の関係を改善したところである。LD1・2と，新装したばかりのLD3との連携，さらにLD2・3を経て再びPBL系であるLD4との連携を改善することは今後の課題である。

　幸い，クォータ制のおかげで2単位科目が8週で終わってしまうため進度が早いうえに，2017年度からは4月始まりのサイクルに加えて9月始まりのサイクルを開始したため，たとえば4〜5月のLD1で見つけた改善のヒントを「同じ年度の」9〜10月に再び開講されるLD1で直ちに実行してみることができるという，イノベーション継続には好適な条件があるので，これを活用したいと考えている。

---

参考文献 ――――

日向野幹也（2013）大学教育アントレプレナーシップ：新時代のリーダーシップの涵養. ナカニシヤ出版.

日向野幹也（2015）新しいリーダーシップ教育とディープ・アクティブラーニング. 松下佳代（編著）ディープ・アクティブラーニング. 第9章. 勁草書房.

日向野幹也・松岡洋佑（2017）大学教育アントレプレナーシップ 増補版. Book Way.

Kouzes, J. M. & Posner, B. Z. 金井壽宏（監訳）・関美和（訳）（2014）リーダーシップ・チャレンジ［原書第五版］. 海と月社.

Research on the latest Leadership Education

# 第6章 高校における リーダーシップ教育

舘野泰一・高橋俊之

　本章では，高校におけるリーダーシップ教育の展開について述べる。高校におけるリーダーシップ教育は，大学と比べても，まだまだ始まったばかりの萌芽的実践である。本章では，

①高校生に対するリーダーシップ教育の導入としてどのようなプログラムが有効であるのか
②学校（組織）の中にリーダーシップ教育を導入する際にどのようなステップが必要となるのか

について検討する。

　本章の構成について説明する。本章では最初に高校を取り巻く現状を整理し，その中でリーダーシップがどのように位置づくのかについて説明する。次に，高校生を対象にした「リーダーシップを学ぶ導入ワークショップ」について，その実践と効果検証の結果について報告する。このワークショップの目的は，主に「リーダーシップの基礎理解」と，「自己理解（自分らしいリーダーシップとは何か）」に焦点を当てたものである。これら2つに対して，本ワークショップの効果を分析することで，高等学校にリーダーシップ教育プログラムを導入した場合に期待される効果を検討した。

　最後に，埼玉県の私立の中高一貫校である淑徳与野中学・高等学校の事例をもとに，学校教育の中にリーダーシップ教育を取り入れていく際に，どのよう

149

なステップが必要かについて述べる。高校におけるリーダーシップ教育では，大学とは異なり「リーダーシップ教育科目」を置くことは容易ではない。また，新たな教育を取り入れる際には，教員にその意義や方法を理解してもらう必要がある。そのような中で，リーダーシップ教育をどのような形で取り入れていくべきか，事例をもとに検討する。

# 1 高校教育を取り巻く環境の変化
舘野泰一

　現在，高校は教育改革の最中にある。これまでおこなわれてきた基礎的な知識の習得・定着に加え，知識を活用するための思考力・判断力・表現力などの育成，さらに，学習に対して主体性を持ち，協働して学ぶ態度の育成などが求められる状況にある（文部科学省 2015）。

　こうした教育目標の変化に伴い，教育手法についても講義などの一方的な知識伝達のスタイルだけでなく，学生同士のインタラクションを取り入れた，いわゆるアクティブ・ラーニング型授業が取り入れられつつある。

　2015年度におこなわれた「高等学校におけるアクティブ・ラーニングの視点に立った参加型授業に関する実態調査」の結果では，全国の56.6％の高校がアクティブ・ラーニングに取り組んでいることが報告されている（木村ら 2015）。また，「高校の進路指導・キャリア教育に関する調査2016」では，アクティブ・ラーニングの視点による授業を実施している高校は回答の92.9％という報告がなされている（リクルート進学総研 2017）。2014年度の前回調査の47.1％から大幅に増加していることが報告されており（リクルート進学総研 2017），近年急速に教育改革が進んでいることがわかる。

　このように高校教育のあり方が変化する中，リーダーシップ教育についても徐々に注目が集まってきている。たとえば，都立高校の新設必修科目「人間と社会」では，その教科書の中に「リーダーシップ」に関する内容が掲載された（東京都教育庁指導部高等学校教育指導課 2016）。ここでのリーダーシップは，本書で示

すような「権限や役職とは関係のないリーダーシップ」に関する内容が紹介されており，具体的には日向野 (2015) の「リーダーシップの最小3要素」が掲載されている。教科書の掲載などにも伴い，高校教育においても，新たなリーダーシップの概念に基づいた実践報告が徐々におこなわれてきている。たとえば，東京都立駒場高等学校では，新たなリーダーシップの考えを理解するための特別授業をおこなった (リクルート進学総研 2016)。この授業では，高校生同士がグループでペーパータワーをつくる体験をし，そこでの行動について相互フィードバックをおこない，振り返ることでリーダーシップの理解を深めている。

　また，この授業のように，リーダーシップ教育に特化したものではなく，教科教育やキャリア教育，さらに部活動の中でリーダーシップ教育を取り入れている事例も合わせて報告されている (リクルート進学総研 2016)。たとえば，教科教育に取り入れた例として，神奈川県立瀬谷高等学校では，物理の授業を展開する際に，生徒が相互に貢献する行動指針としてリーダーシップ行動を示すことで，相互に学び合う場を構築している。部活動に取り入れた例としては，神奈川県立藤沢清流高等学校の例があげられる。旧来型の役割や学年にとらわれたあり方ではなく，権限や役職を超えて全員が協力し合うことを，部活動を通して学ぶような試みをおこなっている。こうした高校教育におけるリーダーシップ教育の事例はまだ多いとは言えない状況にあるが，さまざまなかたちで取り入れられつつあることがわかる。

　ではなぜ高校教育の中にリーダーシップ教育が導入されつつあるのだろうか。その理由は，高校教育で求められている能力とリーダーシップという概念が近しいからである。前述した「高等学校におけるアクティブ・ラーニングの視点に立った参加型授業に関する実態調査」(木村ら 2015) によると，高校教育の中でアクティブ・ラーニング型授業を取り入れるねらいは「協働性」「思考・表現力」「主体性」「教科基礎力」「課題解決力」「市民性」の大きく6つに分類される。このうち，「協働性」「主体性」「市民性」などは，まさに本書における教育目標としてのリーダーシップと近い特徴を持っている。現在高校教育のなかで伸ばそうとしているものと一致度が高ければ，リーダーシップ教育に焦点が当たるのはある種自然なこととも考えられる。よって，リーダーシップ教育と銘打っていなくても，リーダーシップ教育と同種の構造を持った教育実践も多く

おこなわれていると考えられる。

　ではなぜあえてその中で「リーダーシップ」という考え方を持ち出す理由があるのだろうか。その理由やメリットはさまざま考えられるが，その1つは「教育目標」に焦点を当てるという意味が考えられる。近年の教育改革では，アクティブ・ラーニングの「手法（How）」の議論に偏りがちであり，「なぜ・何を（Why・What）」という議論がなされることが少ないということも指摘されている（たとえば，山辺ら 2017）。そのような状況の中でリーダーシップという言葉は教育目標として理解しやすい。また，これまで一般的にイメージされてきた「権限を持った人が引っ張る」というものではないリーダーシップのイメージを知ることで，教育目標として採用する高校が増えてきていると考えられる。

　また，リーダーシップという概念を用いる実践的なメリットとして，教室内で推奨する他者とのかかわりを「リーダーシップ行動」として具体的に示すことができる。このような指針があることは，生徒にとっても動きやすい。さらに，リーダーシップ教育の手法を取り入れることで，他者とのかかわりそのものを改善することができる。こうした特徴はアクティブ・ラーニング型授業を運営するという点で大きなメリットがある。アクティブ・ラーニング型授業では，1人で話を聞くだけでなく，他者と協働して学ぶことが多い。しかし，生徒は他者と協力して学ぶことになれておらず，具体的にどのようなふるまいをしてよいか戸惑うことがある。また，教員にとっても，相互に学び合う文化をどのように構築するのか，そのために，生徒にどのようなふるまいをしてほしいのかの指針を示すことが難しい。こうした状況に対して，リーダーシップ教育の知見を活用することの意義がある。つまり，リーダーシップ教育の枠組みを活用することで，アクティブ・ラーニング型授業を効果的におこなう環境を構築できるという点からも，リーダーシップ教育が少しずつ広がってきている理由だと考えられる。

　以上，高校教育を取り巻く環境について述べてきた。リーダーシップ教育は，高校における教育改革の中で，教育目標として，そしてアクティブ・ラーニング授業を効果的におこなう指針として注目されていると考えられる。まだ事例は少ないが，リーダーシップ教育は，教科教育や，キャリア教育，部活動などさまざまな場所に取り入れられてきている。しかし，現在は，

①高校生に対するリーダーシップ教育の導入としてどのようなプログラムが有効
であるのか

②学校（組織）の中にリーダーシップ教育を導入する際にどのようなステップが必
要となるのか

という点が明らかにされていると言いがたい。そこで，本章ではこの2点につ
いて事例をもとに検討をおこなった。

## 2 リーダーシップを学ぶ導入ワークショップ 舘野泰一

### 2.1 ワークショップの狙い

　最初に検討するのは，どのようなプログラムが高校生にとってリーダーシッ
プを学ぶうえで有効かである。そのために「リーダーシップを学ぶ導入ワーク
ショップ」を開発した。このワークショップは，リーダーシップを学ぶ初学者
に対して，「リーダーシップの基礎知識」を深め，「自己理解（自己に適したリーダー
シップの特徴に気がつくこと）」をしてもらうことを目的としている。

　リーダーシップを学ぶ初学者にとって最初のハードルとなるのは，リーダー
シップという言葉に対する狭く，偏ったイメージをほぐすことである。たとえ
ば，リーダーシップについて解説した書籍では，最初に「リーダーシップに対
する誤解」に対して説明するものが少なくなく（たとえば，山口 2008; 日向野 2013; 石
川 2016など），その誤解を解くことが最初のステップとなっている。リーダーシッ
プの理解として，リーダーシップについて元々持っているイメージを相対化し，
リーダーシップについての新たな視点を持つことが重要になる。

　もう1つの学習目標は，自分のリーダーシップの特徴（強みや弱み）に気がつく
ことである。第1章・第2章で述べた通り，リーダーシップ行動は，自分の性

表6-1 リーダーシップのイメージ

| | 元々のイメージ | リーダーシップの理解 |
|---|---|---|
| 誰に | 一部（権限・役職） | 全員 |
| 学習可能か | 才能・カリスマ | 学習可能 |
| 行動の種類 | 「引っ張る」等に限定 | 「引っ張る」に限らず，聞く，引き出す等含む |

格や能力にあったものの方が効果的である。しかし，自分にどのような特徴があるのかについて自己理解をする機会は少ない。そこで，本ワークショップではこの2つをワークショップの狙いとした。

　本ワークショップは，単発で実施できることを想定し，90分程度を想定して開発した。高校では，大学のように，長期にわたってリーダーシップ教育をおこなうことは難しいと考えられる。そこでまずは比較的短い時間で，単発で体験できるリーダーシップの導入ワークショップの開発と評価をおこなった。

　次に，本事例における教育目標の詳細を示す(**表6-1**)。先行研究をもとに，リーダーシップについて元々イメージしがちな内容と，持つべき新たな視点を整理した。

　**表6-1**で示した内容は，本章における第1章の内容と重複する部分があるため，概要のみ説明する。1つ目の視点は「リーダーシップは誰に必要か」という点である。リーダーシップは，組織の管理者チームのリーダーが発揮するべきものとして捉えられがちであるが (山口 2008; 日向野 2013; 石川 2016)，必ずしもそうではない。全員が発揮するものであるという認識を持ってもらうことを1つ目の視点とした。

　2つ目の視点は「学習可能か」という視点である。リーダーシップと聞くと，才能やカリスマ性がなくてはならないと感じることが多い (日向野 2015; 石川 2016)。しかし，必ずしもそうではなく，リーダーシップは学習可能なものである (McCauley et al. 2011)。リーダーシップを学ぶ初学者にとっては，まずリーダーシップが自分と関係のあるものであり，訓練によって伸ばすことが可能なものであるという認識を持ってもらう必要があるため，2つ目の視点として設定した。

　3つ目の視点は「行動の種類」という視点である。リーダーシップ行動は

「引っ張る・指示をする」という行動を想像しがちな側面がある。しかし，実際は「気遣い」や「笑いを誘うこと」もリーダーシップと捉えることができる（山口 2008; 石川 2016）。このように，リーダーシップ行動を伸ばす場合に，偏った行動のみを伸ばすのではなく，視点を広げて理解する必要性がある。

また，リーダーシップ行動は，自分の性格や能力にあったものの方が有効である。つまり，リーダーシップ行動についてのイメージを「引っ張ること」などに限定して理解するのではなく，自己に適したリーダーシップの特徴を理解することは，初学者にとって重要である。

以上示した通り，本ワークショップの教育目標は，リーダーシップの基礎理解と自己理解を深めることである。次に，ワークショップの設計指針について説明する。

## 2.2 ワークショップの設計指針

リーダーシップについて理解を深め，知識としてだけでなく，自己に適したリーダーシップの特徴に気がつくためには，講義のみによる設計では不十分だと考えられる。そこで，本研究では，リーダーシップ教育の先行研究から，経験学習型のアプローチを取り入れ，ワークショップを設計した。具体的には本書の第2章の授業デザインの指針の枠組みをもとに2つの視点から，設計をおこなった。

1つ目は「リーダーシップを発揮する環境作り」である。リーダーシップを学ぶためには，まずリーダーシップを発揮する場を設けることが重要である。リーダーシップを発揮する場とは，学習者にとって，困難を伴う，新規な課題が有効であることが示されていた。国内の大学教育の実践では「産学連携型のプロジェクト型学習」などが具体的に取り入れられている（日向野 2013）。そこで，本ワークショップにおいても，「プロジェクト課題」に取り組むというデザインを取り入れた。具体的な課題内容などについては，次節で詳細を述べる。

2つ目は「リーダーシップの向上につなげるための仕組み作り」である。まずプログラム面では「リーダーシップの目標設定」「相互フィードバック」「振

り返り」の3つの要素が必要となる。そこで本ワークショップにおいても，この3つの要素を取り入れた。

次に，制度の面では，今回は単発のワークショップであるが，ワークショップのサポート役として，リーダーシップ教育を受けたことがある先輩学生に参加してもらった。先輩学生に入ってもらうことで，プロジェクト課題への取り組みや，目標設定・相互フィードバック・振り返りの活動の支援をおこなった。


## 2.3 開発したワークショップ

ワークショップは，2017年8月3日の立教大学のオープンキャンパス内の経営学部主催プログラムとして実施された (**図6-1**) [1]。参加者は事前申し込みの形式で集められた高校1〜3年生138名が参加した。教室を2つに分けて実施し，1グループ4〜6名とした。プログラムについては，筆者が開発をおこない，当日のファシリテーションは先輩学生2名がそれぞれの教室でおこなった。ワークショップのプログラム内容についての概要は**表6-2**に示した。プログラムは約90分で実施した。

参加した生徒には，ワークショップの目的を説明した後に，「現時点で持っているリーダーシップのイメージ」について記入してもらった。そのうえで，自分が思うリーダーシップのイメージに近いキーワードが書かれているカードを3枚選んでもらった。このキーワードは**表6-3**の「カテゴリ2」の言葉をそのまま使用している。

**表6-3**は，本ワークショップを大学生対象で実施した際に「リーダーシップについてのイメージ」として書かれた記述内容を質的にコーディングしたものである。このカテゴリ名をキーワード化して，ワークショップの事前と事後で選んでもらうことで，リーダーシップについての理解がどのように変化したかを検討することが目的である。

---

[1]　本ワークショップの運営は，立教大学経営学部学生団体「高大連携学生プロジェクト」の協力を得て実施した。

表6-2 プログラムの概要

| 概要 | 内容 | 時間（分） |
|---|---|---|
| イントロダクション | 説明，アイスブレイク，簡易な講義 | 15 |
| リーダーシップの目標設定 | 意識する行動の決定 | 15 |
| プロジェクトの体験 | 課題についてプラン検討・発表 | 30 |
| 相互フィードバック | よかった点・改善点の伝達 | 15 |
| 振り返り | ワークシートに振り返りを記入 | 15 |

表6-3 リーダーシップのイメージに関するコーディング結果

| カテゴリ1 | カテゴリ2 | 説明 |
|---|---|---|
| 誰が発揮するか | 役職（キャプテン，学級委員など） | 何かの役職についている人に必要なものと認識している。具体的な役職名や役職に就いている人物を挙げている |
|  | 全員が発揮 | 一部の人だけが発揮するのではなく，全員が発揮するものである |
| 学習可能か | カリスマ性 | カリスマ性を持っており，周りから憧れられる。ひきつけられる |
|  | だれでも持つことができる | 特別な人だけが持っているものではなく，全員が持っている（学習可能） |
| 行動の種類 | 周りを引っ張る | 周りを引っ張る行動をとっている |
|  | まとめる | 意見をまとめる。グループをまとめる |
|  | 引き出す | 他者の意見を引き出すこと |
|  | 役割をふる | 適切な役割をふること |
|  | 目標設定・共有 | チームの目標を立てる |
| 特徴・特性・役割 | 広い視野 | 広い視野をもっている |
|  | 決断力 | 決断力を持っている |
|  | 責任感 | 責任をとる役割。責任感を持っている |
|  | 豊富な知識 | その分野の知識が豊富。考える力を持っている |
|  | ポジティブ | 明るくチームを盛り上げる |
|  | 倫理観 | 倫理観，マナーなどを持っている |

図6-1 ワークショップの様子

図6-2 リーダーシップの目標設定
机上のネームプレートに行動目標を書いておく

　現時点でのリーダーシップについてのイメージを記述した後に，新しいリーダーシップのイメージ（「リーダーシップは全員に必要なものである」など）について，簡単な5分程度のレクチャーをおこなった。
　リーダーシップの目標設定のワークでは，今回のグループワークで特に意識しようと思う行動（たとえば「意見を積極的に言う」など）を設定してもらい，メンバーに共有した（図6-2）。
　プロジェクトの体験では「訪日外国人旅行者によってあなたの地元が活性化する新たな仕組みを提案せよ！」という課題に対してプランを検討してもらった。この課題は，立教大学経営学部BLPの入学時におこなうウェルカムキャンプで使用したものであり，高校生が取り組むものとして，困難さと新規さの両方を兼ね備えており，難しすぎない課題である。この課題にグループで取り組んだ。グループワーク中は適宜先輩の学生が介入をおこなった（図6-3）。プランは模造紙に記入し，完成後は隣のグループに対して2分程度で発表をしてもらい，1分質疑応答の時間をとった（図6-4）。
　相互フィードバックでは，グループメンバーのリーダーシップ行動について，本人が立てたリーダーシップ目標を参考に「よくできていたこと」「今後改善することができそうなこと」についてフィードバックをおこなった。フィードバックシートを用意し，隣の学生に対するフィードバックを紙に書いてまわす形式でおこなった。
　最後に振り返りとして，あらためて「リーダーシップのイメージ」を記入し，リーダーシップのイメージに関するキーワードを3つ選んでもらった。そのう

図6-3 グループワーク中の様子
名札をかけているのが先輩学生

図6-4 プラン発表

えで,「自己のリーダーシップの特徴で気づいた点」などについてまとめてもらった。

## 2.4 評価

### 2.4.1 評価の目的

本ワークショップの目的は

①リーダーシップについて理解を深めること
②自分に適したリーダーシップの特徴に気がつくこと

である。最初に,導入ワークショップによって2点が達成されたかについて検証をおこなった。そのうえで,今回のワークショップのデザインが,成果に寄与していたのかを検討した。

評価に用いたデータは2点ある。

①ワークショップ後におこなった質問紙調査
②ワークショップ中に使用したワークシート

である。質問紙調査で全体の傾向をつかみ，ワークシートで具体的な学びの内容や事例を検討した。

### 2.4.2 リーダーシップの理解について

本ワークショップに参加することでリーダーシップについての理解を深め，自己に適したリーダーシップの特徴に気がつくことができていたかを検証した。

最初に質問紙の結果について報告する。リーダーシップについての「理解・イメージの変化・自己に適したリーダーシップの特徴への気づき」の3点について，「全くそう思わない(1)」から「非常にそう思う(5)」までの5件法で尋ねた(**表6-4**)。アンケートの結果は，5件法の回答のうち質問に対して，肯定的な回答をした「5・4」と，否定的およびどちらともいえないを含む「3・2・1」をグループ化し，二項検定をおこなった(「どちらともいえない(3)」は，学習効果があったと判断できないため，1・2とともにグループ化をおこなった)。

検定に際して，各項目の未記入の回答は除外した。その結果，すべての項目について有意な差($p < .01$)が見られた。この結果から，ワークショップの参加者はリーダーシップについて「理解の深まり」「イメージの変化」「自分の特徴に対する気づき」を得ていた。結果の詳細は**表6-4**に示した。

次に，リーダーシップについて具体的にどのような理解を深めているかを検討するために，リーダーシップイメージカードの分析をおこなった。リーダーシップカードは，ワークショップの「事前」と「事後」で3枚選んでもらった。ワークシートには以下の指示をおこなった。

- **事前**：あなたが思うリーダーシップのイメージに近いキーワードを3つ選んでください。選んだキーワードを以下に記入してください。
- **事後**：あなたが思うリーダーシップのイメージに近いキーワードを3つ選んでください。(事前に書いたものと同じものが入っていても構いません。)選んだキーワードを以下に記入してください。

結果は**表6-5**に示した。キーワードの変化について「カテゴリ1」の「誰が発

第6章　高校におけるリーダーシップ教育

**表6-4 リーダーシップについての理解**

| | 項目 | 度数（1：全くそう思わない～5：非常にそう思う） | | | | | | 合計 | 平均値 | 標準偏差 | 有意性 |
|---|---|---|---|---|---|---|---|---|---|---|---|
| | | 1 | 2 | 3 | 4 | 5 | 未記入 | | | | |
| 1 | リーダーシップの理解が深まった | 0 | 1 | 3 | 31 | 102 | 1 | 138 | 4.71 | 0.54 | ** |
| 2 | リーダーシップのイメージが変わった | 1 | 2 | 11 | 54 | 69 | 1 | 138 | 4.37 | 0.76 | ** |
| 3 | 自分のリーダーシップの特徴に気がついた | 0 | 2 | 16 | 62 | 57 | 1 | 138 | 4.27 | 0.72 | ** |

\*\*$p < .01$　\*$p < .05$

**表6-5 キーワードの変化**

| カテゴリ1 | カテゴリ2 | 事前 | 事後 | 比較 |
|---|---|---|---|---|
| 誰が発揮するか | 役職（キャプテン，学級委員など） | 13 | 1 | -12 |
| | 全員が発揮 | 8 | 79 | 71 |
| 学習可能か | カリスマ性 | 30 | 1 | -29 |
| | だれでも持つことができる | 1 | 46 | 45 |
| 行動の種類 | 周りを引っ張る | 61 | 11 | -50 |
| | まとめる | 56 | 31 | -25 |
| | 引き出す | 20 | 49 | 29 |
| | 役割をふる | 19 | 21 | 2 |
| | 目標設定・共有 | 7 | 28 | 21 |
| 特徴・特性・役割 | 広い視野 | 43 | 60 | 17 |
| | 決断力 | 60 | 28 | -32 |
| | 責任感 | 59 | 5 | -54 |
| | 豊富な知識 | 11 | 19 | 8 |
| | ポジティブ | 9 | 15 | 6 |
| | 倫理観 | 0 | 0 | 0 |
| 合計 | | 397 | 394 | |

161

揮するか」の視点から順番に結果を検討する。まず，事前の段階では「誰が発揮するか」については，全体の約7％（21／397）しか選ばれておらず，誰が発揮するのかという視点はそれほど強くないことがわかる。また選ばれたキーワードの多くが「役職」であることが多かった。実際に，リーダーシップのイメージに関するワークシートの「自由記述」をみてみると，「部長」「社長」「学級委員長」など役職名をあげているケースが多かった。このように，事前のイメージとして「リーダーシップは役職と関連しているもの」と捉えられていることが示唆される。

　次に，ワークショップ後のキーワードの個数について検討する。すると，事前では少なかった「全員が発揮」が，全体の中で一番多い約20％（79／394）まで増加していた。この点から，リーダーシップのイメージが変化していることが推察される。リーダーシップのイメージが変化した理由について尋ねたワークシートの記述をみると，以下のような記述が複数見られた。

> リーダーシップをもっているのはグループに1人程度だけだと思っていたが，ワークを通して，みんながリーダーシップをもって力を合わせていくことが大切だと思った。1人だけもつものではないと思った。
> 周りを引っ張ったり，自分がまとめるだけではなくて，聞き手にまわって，その意見に対してどう思うかを伝えるということも大事だというイメージができた。

　本ワークショップではもちろんリーダーシップについて簡易的な講義はおこなっている。しかし，これらの記述をみると，講義で聞いたからという理由だけでなく，実際にワークショップを体験することがイメージの変化の鍵となっていることがうかがえる。

　続いて「学習可能か」という視点について検討する。「学習可能か」という視点については，事前と事後で結果が正反対となった。具体的には，「カリスマ性」については事前が30であるのに対して，事後では1になった。一方，「だれでも持つことができる」は1から46に増えていた。このように，ワークショップ後でイメージが変わったことが推察される。ワークシートの自由記述欄においても，「特定の人だけがリーダーシップをもっていると思っていたけど，リー

ダーシップは，誰でももつことができる」などの記述が書かれており，リーダーシップは学習可能なものであるという認識が高まったと考えられる。

　最後に「行動の種類」について検討する。行動の種類については，事前のイメージとして「まとめる」「周りを引っ張る」の数が多く，この2つのキーワードは事前に選ばれたキーワードの約30％を占めていた（117／397）。このように，高校生にとってはリーダーシップという言葉からは，具体的なリーダーシップ行動がイメージされ，それらは「まとめる」「引っ張る」という前にでるイメージを持っていることが明らかになった。一方，事後のデータを見てみると，「まとめる」「周りを引っ張る」の個数は減り，「引き出す」のキーワードが20から49と，29の増加が見られることがわかった。このような点から，リーダーシップ行動に対するイメージの幅が広がっていることが推察される。ワークシートの記述においても「リーダーシップといってもいろんな役割があって，単にまとめたり意見が言えたりするということではないとわかった」などの意見が見られた。また，ワークシートにおける「自分に適したリーダーシップとしてどのような点に気づいたか」を尋ねた項目においても，「意見を聞くこと」「引き出すこと」は事例として多く記述されていた。このように，本ワークショップを通して，リーダーシップ行動のバリエーションを知り，自分に適したものを見つける機会になっていたことがうかがえた。

　「特徴・特性・役割」のカテゴリについては，本ワークショップにおける直接的な学習目標としては設定していないため，本章では詳細の分析はおこなわない。しかし，ここからわかることとして「決断力」「責任感」「広い視野」などは，事前に多く選ばれていることから，最初にリーダーシップと聞いて連想しやすいキーワードだと考えられる。これらは，どちらかといえば「いわゆるリーダー（キャプテンなど）」のイメージに近いものと推察される。また，気になる点として「倫理観」については，事前・事後の両方で選ばれていないという点があげられる。本ワークショップでは，直接的に倫理観について詳細な説明はしていないが，本書で示した通り，倫理観はリーダーシップを育むうえで重要な視点であるため，今後この点についてワークショップのデザインに取り入れることの必要性が示唆されたと考えられる。

　以上，リーダーシップに関するキーワードの個数と，自由記述の内容から，

リーダーシップに対する理解と，自己に適したリーダーシップの理解について検討してきた。今回の結果から，ワークショップを通して，リーダーシップを「全員が発揮した方がよく，学習可能であり，引っ張るだけではない」ということについて，理解を深めていたと考えられる。また，体験を通して，自分に適したリーダーシップの方向性を理解するきっかけになっていたと考えられる。

### 2.4.3 設計指針の評価

　最後に，学習者の成果に対して，本ワークショップのデザインがどのように寄与しているかの要因を検討する。質問紙調査では，ワークショップの設計指針である，

　　①リーダーシップを発揮する環境作り
　　②リーダーシップの向上につなげるための仕組み作り

について「全くそう思わない (1)」から「非常にそう思う (5)」までの5件法により尋ねた (表6-6)。アンケートの結果は，5件法の回答のうち，質問に対して，

表6-6 ワークショップのデザインに対する評価

| | 項目 | 度数 (1：全くそう思わない～5：非常にそう思う) | | | | | | 合計 | 平均値 | 標準偏差 | 有意性 |
| | | 1 | 2 | 3 | 4 | 5 | 未記入 | | | | |
|---|---|---|---|---|---|---|---|---|---|---|---|
| 1 | プロジェクト課題に取り組むことは，自分のリーダーシップの理解に役立った | 0 | 1 | 5 | 41 | 90 | 1 | 138 | 4.61 | 0.60 | ** |
| 2 | 相互フィードバックは，自分のリーダーシップの理解に役立った | 0 | 2 | 5 | 36 | 94 | 1 | 138 | 4.62 | 0.63 | ** |
| 3 | 振り返りは，自分のリーダーシップの理解に役立った | 0 | 2 | 2 | 41 | 89 | 4 | 138 | 4.62 | 0.60 | ** |
| 4 | スタッフによる支援は，自分のリーダーシップの理解に役立った | 0 | 1 | 8 | 45 | 82 | 2 | 138 | 4.53 | 0.64 | ** |

$**p < .01$ $*p < .05$

肯定的な回答をした「5・4」と，否定的およびどちらともいえないを含む「3・2・1」をグループ化し，二項検定をおこなった（「どちらともいえない（3）」は，学習効果があったと判断できないため，1・2とともにグループ化をおこなった）。

結果は**表6-6**に示した。**表6-6**にある通り，すべての項目について有意な差が見られた。この結果から，ワークショップの設計指針である2点がそれぞれ効果を示していたと考えられる。


## 2.5 考察

本ワークショップでは，リーダーシップを学ぶ初学者として，高校生にリーダーシップの理解を深めてもらい，自己に適したリーダーシップの特徴に気がつくことを目的とした。分析の結果，高校生に対して，リーダーシップのイメージを「全員が発揮でき，学習可能で，引っ張るだけでなく，引き出すことなども含むこと」と変化させることができ，自分に適したリーダーシップを見つけるきっかけとなっていたと考えられる。

リーダーシップのイメージに関するキーワード数の分析では，ワークショップをおこなう前には，リーダーシップに対して「役職・カリスマ」や，それに付随する「責任感・決断」などの特性，「引っ張る・まとめる」などの行動のイメージを持っていることがわかった。この点から，高校でリーダーシップ教育をおこなう際には，まずこれらのイメージを変えてもらうことが最初のステップになることがあらためて示唆されたといえる。

これらのイメージを変えるためには，リーダーシップについての新たな考え方を伝えることは重要であるが，実際に体験してもらうことで，自分なりの理解を深められると考えられる。今回の分析でも，体験を通して理解を深めている記述が見られた。このように，リーダーシップを学ぶ導入のワークショップにおいて，経験学習型のアプローチが有効である可能性が示唆されたと言える。

一方，今回のワークショップでは，リーダーシップの基礎理解に関する点に焦点を当てているため，自己理解のきっかけにはなったものの，あくまで導入程度である。自己理解について深めるためには，プロジェクトを長期におこな

うだけでなく，自分の過去のリーダーシップ経験などを振り返ることも有効であり，そういったワークショップの導入をすることも考えられる（この点については次節で詳細を述べる）。また，今回のワークショップでは「倫理性・市民性」などについては扱えておらず，その点についての学習効果は見られなかった。「専門知識・スキル」という点からは，今回のプロジェクト課題が，本来は教科教育などの内容とリンクしていることも望ましいと考えられる。これらの点については，今後の課題であり，次節で紹介するワークショップとも関連するものである。

　本節では，高校生を対象にしたリーダーシップ教育について，具体的なプログラムをもとに検討してきた。次節では，具体的に学校組織内で実施したリーダーシップ教育の事例から，どのようなワークショップを，どのような視点で導入していくべきかについて検討をおこなう。

# 3 中高一貫校にリーダーシップ教育を
## 　導入した事例（淑徳与野中学・高等学校）

高橋俊之

　本節では「中高一貫校でのリーダーシップ教育実践事例」を紹介しつつ，中学・高校でのリーダーシップ教育の1つの形を提示する。取り上げる事例は，筆者（高橋）が教育顧問を務める埼玉県の淑徳与野中学・高等学校のものである。最初に淑徳与野でのリーダーシップ教育の現状を概観したうえで，リーダーシップ教育が本格化したきっかけについて述べる。続いて，同校リーダーシップ教育本格化の入り口となったキャリア教育——「インパクト体験棚卸し」を取り上げて，中学・高校でのリーダーシップ教育導入ステップの例として説明する。

166

## 3.1 淑徳与野のリーダーシップ教育

### 3.1.1 淑徳与野のリーダーシップ教育概観

　淑徳与野ではリーダーシップ教育を実践しているが，それをことさらに「リーダーシップ」という言葉で表現することは少ない。これは学校内外の状況を考えると，導入時は「社会の役に立てる力」や「主体性」といった言葉を使っていった方が生徒，教員，そして保護者にとって身近かつ必要性を理解しやすくスムーズに導入できると考えたことからきている。リーダーシップという言葉は一般的には「先頭に立つリーダー＝ごく一部の人が発揮するもの」というイメージがある。一方，淑徳与野は進学校ではあるがリーダーの輩出をうたっている学校ではない。このため当初からリーダーシップ教育という言葉を前面に出すと「そんなことよりも学業に力を入れるべきである」という反対の声が上がることも考えられた。そのような中，リーダーシップという言葉のイメージを変えるための説明をおこないながら新しいプログラムを導入するのは，多忙な先生方にとって負荷が過大になる恐れがあった。

　しかし，先生方と「淑徳与野の教育はこれからどうあるべきか」を議論する中で見えてくるものの中には，本書で言うところのリーダーシップ教育が含まれていた。そこで筆者も支援にあたり，機が熟すまでリーダーシップ教育という言葉を使わずにリーダーシップ教育の要素を盛り込んでいくようにしていった。その結果，近年，授業をはじめ，部活，キャリア教育，自由研究，文化祭，修学旅行など学校におけるあらゆる活動を通じて，実質的にはリーダーシップ教育が展開されている状態になってきている。

　それらの施策とリーダーシップ教育との高い関連性は，2016年に高校の進路指導の先生方が中心となってまとめた，下の「主体的に人生を切り拓き社会に貢献できるために生徒が身につけるべき『5つの力』」に表れている。『5つの力』とは，①主体的に動く力，②人と向き合う力，③考える力，④世界からよみとる力，⑤自己分析力，である。これらは効果的なリーダーシップを発揮するために必要な要素とかなり重なっている（**図6-5**）。「リーダーシップの基礎理解」こそ直接的にはないが，自己理解は自己分析力と，スキルは人と向き合う

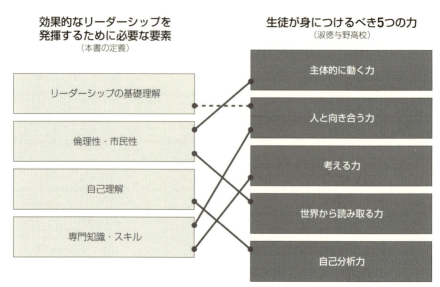

図6-5 効果的なリーダーシップを発揮するために必要な要素と淑徳与野で育成をはかっている能力との対応

力と考える力，倫理性・市民性は，主体的に動く力と世界から読み取る力というようにつながっている。

　そして学校内のあらゆる活動がここにリンクしている。たとえば今年で20年目を迎えたアメリカ修学旅行がある。ホームステイと現地提携校との交流を核とした異文化体験学習というのは以前から変わらないが，近年は現地提携校との交歓会での出し物について，「彼らは日本の女子高生からどんな情報を知りたいのだろうか？」と，生徒たちが話し合って決めるようになってきた。その結果，単なる歌やダンスが減り，日本の文化や日本の高校生活を紹介するようなプレゼンテーションや現地生徒との共同ワークが増えている。またクラス別に訪問先を決める「テーマ別研究」では現地の企業を訪れるが，その事前学習から帰国後の事後学習までは半年を超えるプロジェクトになっている。

　また授業では徐々にアクティブ・ラーニング型授業が導入されており，リーダーシップの発揮に必要な，思考力やコミュニケーション力といったスキルを高めようとしている。そしてアクティブ・ラーニングの考え方は授業を超えてあらゆる場面で試されている。たとえば部活においても，目的を提示したうえ

第6章　高校におけるリーダーシップ教育

表6-7 学校内活動におけるリーダーシップ教育

| 活動 | リーダーシップ教育につながる近年の施策 |
|---|---|
| 授業 | アクティブラーニング型授業が徐々に増加<br>考える力やコミュニケーション力を高める |
| 部活・生徒会・委員会など | アクティブラーニング的な指導を増加<br>支援をしつつ自分たちで考え，決めさせる部分を増やす |
| 文化祭，修学旅行等行事 | 目的に照らして自分たちで作り上げていく部分を増加 |
| キャリア教育 | 自分の価値観や強みの棚卸しをグループワークでおこなう<br>「インパクト体験棚卸し」を開始 |
| 自由研究（創作研究・研究小論文） | 本気で取り組めるテーマを研究課題に仕立てる手法を導入（中学） |

で物事を生徒達に決めさせたり，目的そのものから自分たちで考えさせること
が増えている。これらの動きを一覧にすると，**表6-7**のようになる。

### 3.1.2 リーダーシップ教育が本格化したきっかけ

　このような方向性がスタートしたきっかけは，大学入試改革にあった。淑徳
与野高校は，1学年約400名の生徒のほとんどが現役で4年制大学に進学する
埼玉県内でも有数の進学校である。平日の放課後や土曜日はもちろん，夏季・
冬季・春季休暇中にも進学講座を開講し，予備校や塾に行かなくても大学進学
の準備ができることを教育の柱の1つとしてきた。先生たちの指導も熱心で，一
人ひとりの生徒に丁寧に対応しており，親身な指導に対する生徒や保護者の満
足度は高い。

　しかし，そのような手厚いサポートは，生徒たちを受け身の姿勢にさせかね
ない側面を持っている。社会に出てから活躍できるためには，中学・高校時代
に，主体的に物事に取り組む姿勢，失敗を恐れずに挑戦する姿勢，失敗にめげ
ないたくましさ，そして目標までたどりつくための考える力やコミュニケーショ
ン力を身につけて欲しいという想いも先生方にはあった。

　時を同じくして出てきたのが，文部科学省の教育改革の議論である。「大学入
試が変わる」「生徒たちの思考力・判断力・表現力を育てること」が大切だと言
われ，淑徳与野でも生徒たちの主体性を高める教育へのアクションが次々と起

169

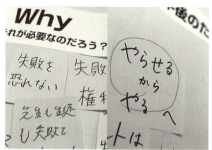

図6-6 これから社会に予想される変化のレクチャー　　図6-7 ワーク：我々が向かうべき方向は？

きるようになった。その一つが，2013年5月13日に実施された「Teachers Workshop 生徒たちと学校の未来を考える」である（図6-6, 図6-7）。管理職や若手を含む先生方15人が集まって「今の生徒たちに15年後，どうあってほしいか」「そのために淑徳与野の教育はどうあるべきか」を筆者がファシリテータ役となって話し合った。これが淑徳与野において「主体的に人生を切り拓く人を育てる」方向に明確に動き出すキックオフとなった。

## 3.2 リーダーシップ教育導入ステップの例──「インパクト体験棚卸し」

次に具体的な導入ステップについて説明する。それまでと違ったタイプの教育の導入段階では，導入のステップが重要になる。本項では2015年からスタートしたキャリア教育「インパクト体験棚卸し」を取り上げて，中学・高校でのリーダーシップ教育導入ステップの一例として説明する。

### 3.2.1 「インパクト体験棚卸し」とリーダーシップ教育との関係

まず「インパクト体験棚卸し」がどのようにリーダーシップ教育となりうるかを述べる。「インパクト体験棚卸し」とは，自分の過去を振り返って，自分に大きな影響を与えた体験から

①自分の強み

②応援したい人たち

③社会への想い

といったいわば「キャリアビジョンの素(もと)」を引き出すワークであると同時に自分らしいリーダーシップを探るというリーダーシップ教育である。筆者が開発し，立教大学経営学部の授業にておこなっているものだが，この時，先生方と話し合いながら中高生向けに調整をして使用した。

「インパクト体験棚卸し」は第2章で述べられているリーダーシップ教育の4つの要素のうちの「自己理解」に最も強くつながる。自分の強みを知ることで，パーソナリティ・ベース・リーダーシップの考え方が示すような自分らしいリーダーシップの発揮を助ける。そして，「社会への想い」や「応援したい人たち」が見えてくることは，やはり4つの要素の1つである「倫理性・市民性」にもつながる。高校生にとって倫理性・市民性というのは実感の湧きにくいものである。しかし自分の体験から「社会にこうあって欲しい」（そのために自分も貢献したい），「こういう人たちに共感するので応援したい」と引き出すことは，市民としての責任感を育てることにつながりうる。

さらに，「インパクト体験棚卸し」は立教大学経営学部では実はBLPの中の論理思考とリーダーシップを学ぶ科目内でおこなっている。これは，自分や他人の体験から解釈を引き出すことが仮説を立てるという論理思考に相当するからである。つまりこのワークはリーダーシップの4つの要素の1つ「専門知識・スキル」を高めることにもつながる。そして，このワークは3人程度でチームを組んでおこなうので，その中で他者の深い部分や自分とは違う部分を知る機会になる。これは「他者についての考え方」という「リーダーシップの基礎理解」にもつながる。つまり「インパクト体験棚卸し」はリーダーシップ教育の4つの要素のうち「自己理解」を深めることに最もつながるが，他の3つの要素も強化することを狙っている。

なお，リーダーシップからは少し離れるが，当初「中学生には自己認知は難しいのではないか」という声もあった。しかし，ワークをおこなってみると，自己認知は本人の中ですでにおこなわれていることがわかった。そして本人の思っ

171

ている「自分はこうなんだ」という認識（とりわけネガティブなもの）についてグループワークで「それってこうも言えるよね」と別の見方が提示され，自分で作っていた枠を超えられる効果があるというのが先生方の感触であった。

### 3.2.2「インパクト体験棚卸し」の実施方法

　具体的に見てみよう。「インパクト体験棚卸し」では，自分の過去を振り返って，自分にとってインパクトの大きかった体験をリストアップしていく（**図6-8**）。そして，そこから，特に大きな体験を拾い出し，

　①自分の強み
　②応援したい人たち
　③社会への想い

を引き出していく（**図6-9**）。この根底にあるのは「未来の根は過去にある」という仮説である。
　過去の体験の棚卸しはいろいろなキャリアデザインのワークでおこなわれるが，「インパクト体験棚卸し」で特徴的なことは次の3つである。

① 「社会への想い」と「応援したい人たち」を引き出す
　「キャリア」というと「どんな職業を選ぶか」をイメージしがちであるが，このワークでは「何のため」「誰のため」をインパクト体験から引き出す。重要な体験から引き出すことで，単なるあこがれや借り物の価値観ではなく，自分に根ざしたものが出やすくなる。たとえば子どもの頃にぜんそくで学校をよく休んでいた人は，このインパクト体験から「病気や怪我で普通の人と同じことができない人たち」を応援したいと考えるかもしれない。また「病気や怪我で学校を休んでも取り残されないような社会」を作りたいと考えるかもしれない。なお多くの人が応援したい人たちとしてあげているのは「過去の自分のような人たち」や「自分を支えてくれた人のような人たち」である。

第6章 高校におけるリーダーシップ教育

図6-8 インパクト体験振り返り年表

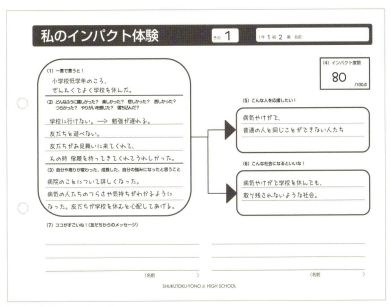

図6-9「インパクト体験棚卸し」例

## ②成功体験だけでなく，ネガティブな体験にも注目する

　人は成功体験にはよく注目するが，「インパクト体験棚卸し」では，ネガティブな体験にも注目する。たとえば「病気がちだった」という体験から，「ハンディを持った人の気持ちがわかる」といった強みを引き出せる。また「もっとこうであればいいのに」と考えられることから，社会への想いや応援したい人たちもポジティブ体験以上に引き出しやすい。

## ③仲間とワークに取り組む

　3つ目の特徴は，1人ではなくチームで取り組むことである。これは元々は，他の人にかかわってもらった方が多くのことが見えてくるのでそのようにしていた。たとえばしばしば強みは本人にとって当たり前にできることなので，本人はそれが強みであることに気がつかないことも珍しくない。そこに他の人が入ることで見えてくることもある。また，他の人のインパクト体験を見ていると，自分との違いから自分のことがまた見えてくる。しかし実際にやってみると，それ以上の効果があることがあることがわかってきた。これについては後ほど述べる。

### 3.2.3 淑徳与野での実施方法──Step by Stepで進める

　上記のような「インパクト体験棚卸し」は現在，淑徳与野内で，中学校の2年生全員と，高校1年生全員におこなわれている。しかしここにいたるまでには3つのステップがあった。

## ①先生方とのプログラム開発

　キャリア教育をおこなうという方針が決まり，黒田貴中等部教頭 (現副校長) 先生をリーダーとするキャリア教育推進のチームがまず中学校で作られた。

　興味深いのは，キャリア教育のニーズがより高いように見える高校ではなく中学校からスタートしたことである。これには高校の方が1学年約400名と人数が多く運営が大変なこと (中学校は1学年約120名)，受験対策や進路指導で先生方が忙しくゼロからプログラムを導入するのは負荷が大きいことといった事情が

あった。また受験が見えてきて保護者の求める優先順位が長期的なキャリアビジョン策定よりも受験指導にあるという学校内の声もあった。

　推進委員の人選は，黒田先生を含む2名の管理職以外，若手の先生が選ばれた。これは若手の先生方のリーダーシップ開発の機会という意味を含んでいた。したがってメンバーとなっている管理職の先生も，重要なところでは意思決定や全体へのコミュニケーションなどおこなうものの，通常は1人の委員として動いていた。

　プロジェクトは「淑徳与野中学校で行うべきキャリア教育を考える勉強会」を6回にわたって開催する中で進められた。みなさん忙しい中でのことなので翌年度に本格導入することを考えて2014年の5月にスタートして，1か月に1回程度のペースで進めていった。

　「インパクト体験棚卸し」は最初からおこなうことが決まっていたわけではない。勉強会の中で1つの候補として紹介し，先生方にも体験していただいたうえで，どうするかを先生方が決めることになっていた。その結果，これまで何年も一緒に仕事をしていながらお互いに知る機会がなかった「自分を作ってきた体験」が共有され，ある種の「納得」が起きていたように思う。とりわけ今，教師という仕事をやっている源泉が見えた時にそれが強かった。黒田先生はその時のことを「まず，自分を見つめ直す良い機会になりました。そして，それ以上に大きかったのは，グループの中で自分の心の内にあるものを開示し，他の人の話にも耳を傾けるということの意義を実感したことです」と語っている。そして，「インパクト体験棚卸し」を中学生向けに調整しておこなうことが決まった。

　この調整は先生方と筆者が共同しておこなっていった。この，体験し，自分たちで決め，調整していくというプロセスによって，「インパクト体験棚卸し」が淑徳与野中学校のものになっていったと考えている。

　またその過程で先生方のリーダーシップが遺憾なく発揮されていたことが印象的であった。キャリア教育がどんなものであるべきかイメージがつかないうちは，やや受け身な様子も見られたり，若手の先生方からは「自分がやってしまって良いのか？」というような戸惑いも感じられた。また，日常業務に忙殺され，ミーティングの直前に突貫工事で準備がおこなわれている時もあった。し

かし，管理職がぶれずに方針を示していたこともあって，イメージがつかめて
くると，若手の先生方がどんどん進んでプロジェクトを進めていった。筆者は
原型を用意し，アドバイスをおこない，最初はプロジェクトやワークショップ
のファシリテータを務めたが，その先はスムーズに先生方に引き継がれていっ
た。

②段階的テスト

　決まってからは，段階を踏んで導入を進めていった。まず中学生の中でも一
番キャリアをイメージしやすいと思われる3年生から先生方が6名を選び，筆
者が「インパクト体験棚卸し」のパイロット版ワークショップを実施した（2015
年2月）。

　次に1年生の中から希望者を募って，2回目のパイロットセッションをおこ
なった（2015年3月）。この時は20名が集まり，オリエンテーションでは先の3年
生6名によるセッションからイメージビデオ（2分間）を作成して雰囲気を盛り
上げた。当日はまた筆者が全体のファシリテータを担当。先の3年生たちにSA
として各グループに入ってもらうとともに，先生方にも見学やグループへの介
入をしていただいた。

③展開

　本格展開は2015年の6月に，中学2年生に対しておこなった。つまり先の20
名は再度受けていることになり，半分SAのようなリーダー的存在で受講して
いる。各クラスを見ると，教材スライドの中身は同じものの，デザインは各先
生方が工夫されていた。また例を示すときには先生自身の体験を話されていて，
生徒たちが知らなかった先生の姿の自己開示が良い雰囲気を作りだしていた。

　その後，2015年9月には同じプログラムが高校1年生にも展開された。その
中には，中学3年次に最初のパイロット版に参加していた6人もおり，牽引役
として活躍していた。その後，時期を進路指導に最適化するなど調整しながら
年間のプログラムに定着しつつある。

### 3.2.4 成果

上記のようにおこなってきた成果については，紙面の都合上，高校生についてのみ述べる。**図6-10**はワークの最後にまとめを記入するシート例である。

〈生徒たちの反応〉
まず，生徒たちの感想で多かったのは次のような反応だった。

- 自分のやりたいことや強みが少し見えてきた
- 自分で気づいていなかったことを友だちに指摘されて気づいた
- 人は自分と全然違う体験をしてきているのに驚いた
- 自分を認めてもらえた気がした
- ネガティブな体験もプラスになることがわかった
- 普段話さない人と話すのは大変だったが話せて良かった

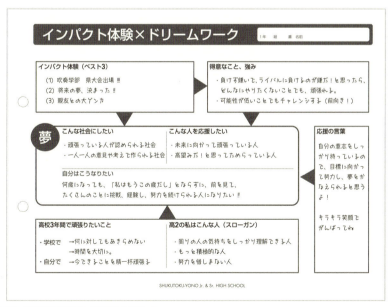

**図6-10 インパクト体験ワークのまとめ用シート**
※個人情報保護のため，実際のシートを元に加工してある

実際のコメントを紹介しよう。

> 友だちの応援の言葉を読んで，自分には今までに誰もが経験できない経験をして
> こられたということがわかり，自分の強みになりました。自分の過去を振り返る
> ことができ，自分で気づかないことを友だちに気づかせてもらうことができて，
> とても良かったです。
> 正直，自分のクラス以外の人とかかわる気がなかったので，最初はやる気が起き
> なかった。それでも，せっかくだからという気持ちで話し，二人の話に耳を傾け
> たところ，二人は自分とはまったく違う環境で，違う体験をしていて，驚いた。
> 自分が人にあまり話さなかった，今までの人生で印象に残ったことを話したので，
> 少しスッキリした気持ちになった。
> 改めて考えてみると，今までのどの経験にもムダだったことは１つもなく，その
> 経験のおかげで今があると思いました。つらい経験や嫌なことも，未来の自分に
> 活きていくと思い，これからも逃げずに頑張っていこうと思うことができまし
> た！

　上記も含めて生徒たちの多くの感想から見えるのは，このワークのための自
己開示をおこなうことで，自分を知ること以外に次のような効果が生まれてい
ることである。

　①思い切って自己開示して受け入れられ安心感と自信につながっている
　②様々な人がいることを実感し，またそれを前向きに受け止めている
　③今後の経験に対して少し前向きになっている

　つまり「インパクト体験棚卸し」は，自己理解にもちろんつながるが，同時
にリーダーシップ発揮に役立つ学びを経験の中から得る機会にもなるという見
方ができる。言い換えると，中高生の段階ではそれだけ狭い世界で生きている，
また他者や新たな経験に対して臆病になっているという可能性がある。

第6章 高校におけるリーダーシップ教育

〈保護者からの評価〉

　上記のような感想を含めて「インパクト体験棚卸し」の取り組みについて学年通信で保護者に知らせたところ，ポジティブな返信が寄せられた。以下はその例である。

> 娘と「インパクト体験棚卸し」について話す機会を持ちました。通常の学校生活では接点のなかった友だちから刺激を受け，親身にアドバイスをもらったことで，過去の体験を今後の努力への原動力に変えようと前向きに転換できたようです。最近，「娘が大人になったなあ」と感じておりました。学年通信を読み，その要因の1つが淑徳与野にあることがわかりました。「インパクト体験棚卸し」の生徒たちの感想を読み，はっとさせられました。娘は，思いやりと向上心のある優秀な生徒たちとともに生活を送る中で，自然といろいろなことを学び，感じ取り，身につけていたのです。環境が大切なことを改めて痛感しました。

　「インパクト体験棚卸し」は提出内容を本人の意思で決めるもののプライベートな内容に踏み込むため，中学・高校では保護者の理解が不可欠になる。今回も，しばらく前からこのようなプログラムを開始することと，それがどういった効果をもたらすと予測しているのかを学校は積極的に発信していた。そしてこのように保護者からの「応援」を得られることは，一見，受験に直結しないように見えるリーダーシップ教育を進めるうえで，学校にとって大きなサポートになる。先生方の間でも「教師冥利に尽きる」という声が上がっていた。

〈先生方の評価〉

　先生方の反応は概ね「やってよかった」というものだった。その理由は，まさに生徒たちが感想であげているようなことからである。高校生への展開のリーダーを務められた学年主任の先生は「一般的に言って，新しいモノやコトを始めるには相当エネルギーを要するものであるが，終わってみれば，我々指導する教員側にとっても，『心地よいエネルギー消費』であった」と述べている。キャリアビジョンそのものが勉強への意欲につながるかどうかは懐疑的な先生も，上記のような効果全体を見て評価していると聞いている。

179

一方，運営については，検討すべき事項がいくつかあげられている。その多くはすでに手が打たれているが，継続的に考えていく必要があるのは次の3つである。

①自己開示を十分に起こすファシリテーションを続ける

②自己開示の限界点に注意を払う

③成果を活かしていく

1つ目の自己開示は，今回，先生方と生徒たちの力でかなり成功していた。しかし，最初の頃は中入生（中学から入学した生徒）を中心に「中入生同士でやりたかった」という声があるなど，乗り越えるべきハードルがある。これは高入生（高校から入学した生徒）と中入生では経ている体験も違い，普段のクラスも違うことにより起きている。しかし，先生方は逆に「だからこそ『インパクト体験棚卸し』は中入生と高入生の混合でおこなうべき」と考えており，生徒たちの感想を見てもそれが正しかったことがわかる。その結果，今は修学旅行の事前学習もクラス横断でおこなわれるようになった。しかし，高校1年生の段階で最初のハードルを越えるところには，先生方のリーダーシップが必要になる。問題というよりは成果を上げるためのポイントである。

2つ目は，プライバシーにかかわる内容ゆえに慎重な扱いが必要になるということである。淑徳与野においては，生徒たちが書いたワークシートを先生方がいったん確認して「これをオープンにして良いのか？」と気になる場合は本人に確認しているが，こういったケアはどうしても必要になる。

3つ目は，「インパクト体験棚卸し」で出された目標や方向性を十分に活用することである。徐々に年間のいろいろなプログラムを連動させていく動きが起きつつあるが，それをさらに進める必要がある。

## 3.2.5 今後の展開

最初に述べたように，淑徳与野では「インパクト体験棚卸し」のように新しいプログラムを導入するだけでなく，学校における既存のあらゆる活動を，「生

第6章　高校におけるリーダーシップ教育

徒の主体的に生きる力を高める」ものに変えていこうとしている。2017年度は，「本気で取り組みたいテーマ」を研究課題に仕立てる方法を導入することで，中学校の創作研究（年間をかけて全員がおこなう自由研究）をさらに充実したものにする試みがなされている。これが成功すれば，「学ぶ」ことに対する意識が変化する可能性が高まる。そして同時に，「思考力」や「自己理解」の向上からリーダーシップ開発につながることも期待できる。2018年度についてはまた新たな計画が進行中である。ここで1つ留意するべきは，新しいことを立ち上げるだけでは，ただでさえ忙しい先生方がさらに忙しくなって疲弊してしまうことである。新しくするとともに，既存のものを見直していく必要がある。その点も配慮しながら2018年度の計画が進行していくと考えている。

## 3.3 まとめ

　以上，淑徳与野中学・高等学校の事例で述べてきたことをまとめると，次のようになる。

　まず，PBLのようなリーダーシップ教育専用の時間を確保することは難しかったが，リーダーシップ教育を組み込める場所がたくさんあった。またそのように組み込むことで，その授業や行事の目指す成果を上げやすくなるという効果も感じている。導入に当たってリーダーシップという言葉を使うかどうかは状況による。最初は関係者の関心の強いキーワード，たとえば「主体性」や「生きる力」などを前面に出していった方がスムーズかもしれない。しかしその場合もリーダーシップ教育の要点を押さえて進めることは効果を高める。たとえば効果的なリーダーシップの発揮に必要な要素を押さえておくことで，授業では考える力などスキルを，キャリア教育では自己理解を，というようにバランス良く組み合わせることができる。

　今回紹介した具体例について述べると，「インパクト体験棚卸し」のような，自己理解のための場，またそれを共同でおこなう場を設けることは，自己開示が必要なだけに，慎重におこなわなければならないが，いろいろな効果が期待できる。リーダーシップ教育としては自己理解に加えて他者についての理解を

深められる他，倫理性・市民性の芽を育てることができるというように，PBL形式とは違う教育をおこなえる。

導入は，先生方主体で進めていったことで推進力が高くなった。「先生方主体」とはすべてをゼロから自分たちでおこなうということではなく，筆者のような外部のサポートを活用しつつ，何をするのかは自分たちで決め，教材もそれぞれがカスタマイズするといった形である。また若手の先生方がリーダーシップを発揮し管理職がそれを支援するという形は，これからのリーダーシップのあり方を先生方自身の手で実践するものとなっていた。

導入しやすいところから段階的に導入していくことでスムーズに進めることができた。これはその状況や成果を次の段階の人たちに見せていけること，ノウハウが蓄積されること，そして生徒も含めて初期の経験者に協力者（SA等）になってもらえることなどが理由である。

# 4 本章のまとめ

舘野泰一

高校におけるリーダーシップ教育は，まだまだ始まったばかりであるが，高校教育改革の流れと共に，今後，さらに導入が進んでいく可能性がある。そのために，新たなプログラム開発，そして，組織への導入ステップの知見を蓄積することが重要な課題である。

本章では，

①リーダーシップの基礎理解に重点を置いたワークショップ
②自己理解に重点を置いたワークショップ

という2つを軸に，高校生に対するリーダーシップ教育の可能性について検討した。さらに，実際の学校現場における導入事例から，リーダーシップ教育の成果，課題，および導入のステップについての考察を述べた。

第6章　高校におけるリーダーシップ教育

　今後の課題として，「教科教育」と「リーダーシップ教育」の接続があげられる。今回は，教科とは特に関係のない文脈でのリーダーシップ教育をおこなった。しかし，高校における教科教育の比重の大きさを考えると，今後，両者を接続して実施していくことは重要な視点となる。たとえば，教科内のグループワークが必要な授業の中で取り入れることや，近年高校教育で取り入れられている卒業論文や卒業プロジェクトなどと接続したうえで，リーダーシップを学ぶという展開が考えられる。これらの接続をおこなうことで，単発でのリーダーシップ教育にとどまらず，長期的に，高校の学習内容とともにリーダーシップを学ぶことが期待できる。

　そしてこれらの変化につなげるためには，教職員間でのリーダーシップの発揮が重要になる。高校生に実施する前に，教員同士でワークショップを体験し，全員がリーダーシップに対する基礎理解を深めたり，お互いのコミュニケーションを通して，自己理解を深めたりする経験が，新たな実践を生み出すベースになる。

　このように，今後，高校のリーダーシップ教育を検討するうえでは，高校生へのアプローチと，教職員へのアプローチの両輪をまわすような施策が必要となる。これらについて，今後も実践的な研究をおこなっていきたいと考えている。

　最後に，今後のリーダーシップ教育の展望について述べる。本章で示したワークショップの結果から，リーダーシップ教育は高校生からでも十分始められることがわかった。また，組織的な取り組みも少しずつ始まってきており，今後大規模にリーダーシップ教育を導入する高校がでてくる可能性もあると考えられる。このように，高校でリーダーシップ教育が徐々に定着していくと，それに合わせて大学・企業におけるリーダーシップ教育をより高度化する必要がでてくる。たとえば，高校において，「リーダーシップの基礎理解」（新しいリーダーシップの考え方を知る）や「自己理解」（自分のリーダーシップについての理解）についてある程度深めている場合には，大学の初年次教育でそれらを一からおこなう必要がなくなる。その代わりに，「倫理性・市民性」をより意識し，「専門知識・スキル」を活用したような授業をおこなうなどの工夫が必要になる。さらに，企業には，高校・大学でこうした経験をした学生らが入社してくることになるた

183

め，リーダーシップ教育の導入的な研修をする必要はなく，よりそれぞれの企業の文脈に合わせた実践が必要になる。

　以上示した通り，高校においてリーダーシップ教育が導入され，定着していくことは，今後の大学・企業におけるリーダーシップ教育のあり方を変える大きな可能性を持っている。現時点では始まったばかりではあるが，これらの動きを後押しできるような研究・実践を引き続きおこなっていきたい。


## 参考文献

日向野幹也（2013）大学教育アントレプレナーシップ：新時代のリーダーシップの涵養．ナカニシヤ出版．

日向野幹也（2015）新しいリーダーシップ教育とディープ・アクティブラーニング．松下佳代・京都大学高等教育研究開発推進センター（編）ディープ・アクティブラーニング：大学授業を深化させるために．勁草書房．pp.241-260．

石川淳（2016）シェアド・リーダーシップ：チーム全員の影響力が職場を強くする．中央経済社．

木村充・山辺恵理子・中原淳（2015）高等学校におけるアクティブラーニングの視点に立った参加型授業に関する実態調査2015：第一次報告書．東京大学・日本教育研究イノベーションセンター共同調査研究．（Retrieved February 3, 2017, from http://manabilab.jp/wp/wp-content/uploads/2015/12/1streport.pdf）．

McCauley, C. D., Moxley, R. S. & Velsor, E. V.（2010）金井壽宏（監訳）・島村伸明・リクルート組織行動研究所（訳）（2011）リーダーシップ開発ハンドブック．白桃書房．

文部科学省（2015）教育課程企画特別部会における論点整理について（報告）．（Retrieved February 3, 2017, from http://www.mext.go.jp/b_menu/shingi/chukyo/chukyo3/053/sonota/1361117.htm）．

リクルート進学総研（2016）リーダーシップ教育．（Retrieved February 3, 2017, from http://souken.shingakunet.com/career_g_jirei/cat_52/）．

リクルート進学総研（2017）高校の進路指導・キャリア教育に関する調査2016．（Retrieved February 3, 2017, from http://souken.shingakunet.com/research/2010/07/post-5cb6.html）．

東京都教育庁指導部高等学校教育指導課（2016）人間と社会．アライ印刷．

山辺恵理子・木村充・中原淳（2017）ひとはもともとアクティブ・ラーナー！：未来を育てる高校の授業づくり．北大路書房．

山口裕幸（2008）チームワークの心理学：よりよい集団づくりをめざして（セレクション社会心理学）．サイエンス社．

第**7**章 | # 総括と今後の課題

*Research on the latest Leadership Education*

舘野泰一

　本書は「リーダーシップ教育をいかにおこなうか」ということをテーマに，研究の枠組みの提示をおこない，実践事例の効果検証をおこなってきた。本章では，それぞれの章の内容をあらためて概観し，今後のリーダーシップ教育の展望について述べる。

## 1 各部の総括

　最初に，各部の内容を総括する。第1部「リーダーシップ教育の理論」では，企業におけるリーダーシップ研究を概観し，日本の大学におけるリーダーシップ教育の枠組みの提示をおこなった。

　石川淳による第1章では，リーダーシップ研究の変遷をまとめ，近年特に注目されているトピックについて整理した。本研究におけるリーダーシップの定義をおこない，

①リーダーシップが必ずしも権限・役職と関係ないこと
②全員が発揮することが効果につながる可能性があること
③リーダーシップが学習可能であること

185

など本書の前提となる理論背景について述べた。

舘野泰一による第2章では，第1章の内容をもとに，リーダーシップ教育の枠組みを提示した。具体的には，「リーダーシップの基礎理解」「倫理性・市民性」「自己理解」「専門知識・スキル」の4つの要素を高めることが，効果的なリーダーシップ行動につながるものとした。そのうえで，これらの教育目標を達成する方法として，「経験学習型」・「知識・スキル型」という2つのアプローチがあることを示した。

「リーダーシップ教育の理論」の意義は3つある。1つ目は，リーダーシップ研究の最新知見をもとに，リーダーシップ教育の理論的背景を整理した点である。2つ目は，日本の大学におけるリーダーシップ教育の具体的な教育目標を示したことである。3つ目は，リーダーシップ教育の方法について，経験学習論などの学習理論を背景にそのアプローチの整理をおこなった点である。

「はじめに」で述べた通り，リーダーシップ教育を検討するうえで大きく2つの断絶を乗り越える必要があった。1つ目は「リーダーシップ研究」と「リーダーシップ開発 (教育) 研究」の相互交流をおこなうこと，2つ目は「企業」と「大学」の文脈を超えること，である。第1部ではこの2つの断絶を超えて，リーダーシップ教育の枠組みを示すことができたと考えられる。もちろん，この枠組みについては，今後実証研究を重ねていくうえで，さらに妥当性を高めるなど改良していく必要がある。しかし，このような概念的枠組みを作ることで，リーダーシップ教育の実践が構造化され，教育実践をおこなううえでの実践的な指針になると考えられる。

第2部「リーダーシップ教育の事例研究」では，第1部で示した枠組みをもとに，リーダーシップ教育の事例の紹介および，効果検証をおこなった。それぞれの事例と結果についてまとめる。

まず舘野泰一による第3章では，立教大学経営学部のBLPの入門科目である「リーダーシップ入門 (BL0)」の授業設計と効果検証について報告した。BL0では，経験学習型の授業を取り入れ，「リーダーシップの基礎理解 (簡易なレクチャー)」「自己理解 (自分のリーダーシップの強み・弱みの理解)」「倫理性・市民性 (経営学部の誓い)」「専門知識・スキル (プラン構築の手法・経営学の基礎知識)」を高める授業設計をおこなっていた。

評価は，この授業によって，効果的なリーダーシップ行動がおこなえるように
なったかを，リーダーシップチェックシートの自己評価の数値を事前・事後
で比較した。その結果，授業の事前・事後で「個の確立」「環境整備・同僚支
援」「目標設定・共有」のいずれもが有意に向上していた。この点から，授業の
効果が示されたといえる。一方，項目の詳細をみると「お互いを認め合う」「よ
い雰囲気をつくる」といった関係構築に関する項目の平均値は高いものの，「理
想を描く」「進捗管理をする」などの目標達成に関する項目の平均値は相対的に
低い傾向にあった。今後は，これらに着目した授業内の支援をおこなうことや，
「経験学習型」だけでなく「知識・スキル型」の授業と合わせることで，これら
を高める必要性が示された。また，最後にBL0の授業運営の仕組みについて述
べた。リーダーシップ教育をおこなう側のリーダーシップという視点に着目し，
SA制度の活用や，振り返りの仕組みについて説明した。

中原淳による第4章では，企業におけるリーダーシップ開発研修の効果につ
いて報告した。具体的には，異業種民間企業5社の次世代リーダーとして期待
される参加者に対して，美瑛町の地域課題解決を通してリーダーシップを開発
するというものであった。この研修も経験学習型のアプローチを採用している。
そのため，大学の事例と同様に「経験」と「内省」からデザインされていた。こ
の点から，企業と大学というフィールドの違いにかかわらず，リーダーシップ
教育の大きな枠組みに差がないことがわかった。

一方，企業と大学で異なる点は，メンバーの多様性という視点である。今回
の研修は「多様性の対処」を評価基準に取り入れ，グループワークのメンバー
も「異業種民間企業5社」のメンバーでおこなっていた。その結果，事前・事
後で「多様性の対処」が高まっていた。また，評価基準の中に「部下育成」が
含まれており，リーダーシップの発揮は同僚だけでなく，部下に対するものが
期待されている。これらは大学とは異なる視点である。

大学では，入門科目であるほど「同じ大学・学部・学年」とグループワーク
をおこなうことが多い。そのため，チームメンバーの多様性は低く，他者を育
成するといった視点が少ない。このように，企業で求められているものと，大
学のリーダーシップ教育でおこなっている環境との違いに自覚的であることは
重要である。また，こうした違いを踏まえると，リーダーシップ教育における

SA制度などにも新たな意味が付与される。たとえば立教大学のBLPでは，プログラムを運営する学生スタッフは，「多様性対処」（受講生，教員，クライアントとのかかわり）や「部下育成」（受講生の育成にかかわる）などの経験をしているため，そのようなリーダーシップを身につけやすい環境にある。このような視点に立つと，受講生を支える役割をするだけでなく，それ自体がSAにとってのリーダーシップ教育の場面になるという新たな地平が広がると考えられる。

　以上，第2部では2つの事例について検討をおこなった。第2部における事例研究の意義は3つある。1つ目は，リーダーシップ教育の枠組みをもとに，具体的な教育実践を提示できた点である。理論的な枠組みに沿った具体的な教育実践を提示することは，今後のリーダーシップ教育を研究・実践するうえで重要である。2つ目は，実践の効果検証をおこなった点である。リーダーシップ教育は，実践は広まりつつあるものの，具体的な効果検証はまだほとんどおこなわれていない。その中で，プログラム全体の効果を明らかにし，そのうえで，具体的にどのようなものに効果があったのかを詳細に検討したことは大きな意義がある。3つ目は，大学と企業の2つの事例を検討した点である。今回2つの事例をみたことで，両者の共通点・差異点が明らかになった。経験学習型アプローチという点においては，大学・企業においても，リーダーシップ教育の基本的な枠組みに大きな差はない。しかし，企業ではより多様性の中でのリーダーシップが求められており，大学においてもそのような視点を取り入れることの重要性が示唆された。

　最後に第3部「リーダーシップ教育の展望」について述べる。ここでは，今後のリーダーシップ教育の広がりとして，大学への水平展開と，高校への垂直展開の事例について紹介した。

　日向野幹也による第5章では，早稲田大学でのリーダーシップ教育の事例について紹介した。本章の事例は，リーダーシップ教育を今後取り入れようとしている大学にとって重要な示唆がなされている。たとえば，立教大学と同様の経験学習型のアプローチを取り入れても，学生によって反応が異なることが示されている。同じ大学生であっても，大学に入る前のリーダーシップ経験は異なり，そのイメージにも差があると考えられる。これらの点から，本書におけるリーダーシップ教育の枠組みを基本としながらも，各実践先にあわせて授業

をカスタマイズすることの重要性が示唆されたといえる。

　また，第5章では，経験学習型の授業だけでなく，知識・スキル型の授業の成果についても報告されている。この結果を見ると「知識・スキル型」の授業を受けることで「他者を巻き込む行動」が促されるようになったことが示唆されている。この結果から，リーダーシップ教育においては，「経験学習型」と，「知識・スキル型」の授業の両方をいかに配置し，設計するかというカリキュラムの視点が重要であることが示されたと言える。

　舘野泰一・高橋俊之におる第6章では，高校におけるリーダーシップ教育の展開について検討した。最初に，舘野が「リーダーシップ導入ワークショップ」の事例について報告した。高校生であっても，90分のワークショップを体験することで，「リーダーシップの基礎理解」は深まる可能性が示唆された。この結果から，リーダーシップ教育は大学からでなく，高校段階からでも十分学ぶことができるものだと考えられる。

　高橋は，淑徳与野高等学校でリーダーシップ教育を取り入れた事例について報告した。この報告では，「経験学習型」における「経験活用型」の事例が紹介されていた。「経験活用型」とは，新たにPBLなどを準備するのではなく，既存の文化祭などの行事を活用したり，自分の過去の経験を振り返ったりすることである。報告されていたワークショップは，過去の経験を振り返り，自己理解を深め，社会に対しての貢献を考えるというものであった。リーダーシップ教育においては「自己理解」が鍵となるため，まずそのような点に特に着目して実践を導入していくという視点は重要である。また，同様のワークショップを最初に教員同士で実施してから，生徒に対して実施したという導入のプロセスも重要だと考えられる。前述した通り，リーダーシップ教育においては，教え手のリーダーシップの発揮が重要になる。まず教員自身が自己理解を深め，それを他者に対して語ることによって，教員同士のチームが構築されていくと考えられる。これらの事例は，高校でリーダーシップ教育を取り入れようとする際に，参考となる視点と考えられる。

　第3部の事例は，萌芽的実践であるため，詳細な効果検証はおこなえていない。しかし，新たにリーダーシップ教育を導入する際にどのような視点が重要になるのかという，実践的にきわめて重要な視点が含まれている。たとえば，同

じ「経験学習型」のアプローチを採用したとしても，実践先の受講生の特性によって，さまざまな点でリアクションが異なる。つまり，実践先の特徴にあわせて，授業デザインをカスタマイズしなくてはならない。また，新たにリーダーシップ教育を導入する際には，その組織にリーダーシップ教育の重要性を理解してもらうことは非常に重要である。ここで紹介されている2つの事例においては，教職員にリーダーシップ教育の重要性を理解してもらうためのプロセスが示されており，その点で大きな意義がある。

## 2 リーダーシップ教育の社会的意義

　本書の冒頭で述べた通り，リーダーシップ教育は大学だけでなく，企業・高校すべてを巻き込んだ大きな流れに位置づくものである。本書の各章の内容から，それらの関係性をより明示的に表すことができたと考えられる。以下あらためてそれらの関係を示し，社会的意義について検討する。

　現在企業では，より多くの人たちに，より早い段階でリーダーシップを身につけさせようとしている。その流れで，大学におけるリーダーシップ教育に対する注目が集まっている。今回の企業と大学の事例をみると，際だったのは「違い」より，その「類似性」である。経験学習型アプローチにおける「経験」と「内省」から構成された実践は，企業も大学も同じ構造を持っていた。

　これは大学におけるリーダーシップ教育の意義を高めるものだと考えられる。大学と企業の実践の類似性が高いということはすなわち，大学生にとっては，大学でのリーダーシップ教育の経験を入社後にも活用しやすいということである。また，企業にとっても，そのような経験をした大学生を採用することで，企業内での活用を期待することができる。このように，リーダーシップ教育の構造の類似性は，大学から企業へのスムーズな移行（トランジション）を促す意味でも大きな意味を持つと考えられる。大学から企業へのトランジションを支援することは，現在の日本において喫緊の課題である（舘野・中原 2016）。本書では，実

際に，大学におけるリーダーシップ教育の経験が入社後にポジティブな影響を与えるかについてはまだ検証ができていないが，こうした類似性の高さは，大学と企業のトランジションを支援するという意味でも今後の期待を高めるものだといえる。

また，今回は企業・大学双方の実践において，ビジネス面だけに着目したプロジェクトではなく，「社会（地域含む）をよりよくする」という視点に共通点が見られたのも大きな意義がある。リーダーシップ教育は，企業への適応のみを第一義にしたものではない。社会の一員として，社会をよりよくするといった「倫理性・市民性」の視点で教育をおこなうことの必要性があらためて示唆されたといえよう。

本書では，大学のみならず高校におけるリーダーシップ教育についても事例をもとに検討した。高校の事例をみると，リーダーシップ教育は，必ずしも大学からである必要はなく，高校からでも十分にはじめられるものだと考えられる。リーダーシップ教育においては，PBLなどを用意する「経験構築型」だけでなく，既存の経験を活用する「経験活用型」の方法もある。高校においては，文化祭や体育祭など，リーダーシップを育むための経験がさまざまな場面に見られるため，それらを活用するだけでも十分にリーダーシップ教育になりうる。

高校でのリーダーシップ教育が進むことで，大学のリーダーシップ教育はより高度化への道を歩むと考えられる。現在は，大学において「リーダーシップの基礎理解」を対象にし，「自己理解」の基礎からはじめるような状況である。しかし，高校でのリーダーシップ教育が今後進むことで，「倫理性・市民性」といった視点をより強化し，「専門知識・スキル」を高めたうえで，より高度なプロジェクトの中でリーダーシップ教育を実施することができるようになる。

以上示した通り，リーダーシップ教育は，企業・大学・高校というすべてのセクションに共通するものである。そして，それぞれが連携することで，人材の価値を高め，企業のみでなく，社会で活躍する人材を育成することにつながると考えられる。本書で述べたような，権限・役職に関係なく全員がリーダーシップを発揮することが求められる背景には，グローバル化による社会の急速な変化に対応し，新たな価値を生み出す必要性がより高まっているからだといえる。このような環境変化に対応できるかどうかは，我が国にとって非常に大

きな岐路であるといえる。そして，この大きな環境変化の波に対応するためには，各セクション（企業・大学・高校）が，相互に責任を押しつけあうのではなく，相互に連携して教育をおこなう必要がある。特に教育機関では，知識を1人でインプットするだけでなく，知識を持っていることを前提に，チームや組織が一体となり，不確実な問題に立ち向かえる人材を育成する必要がある。そのためには，リーダーシップが欠かせない要素となる。

リーダーシップといっても，我々が求めるべきは「カリスマ的なリーダー」の出現によって，世の中の問題を解決してくれることではない。そうではなく，メンバー一人ひとりがチームや組織の目標達成に対して，自分ができることをすることではじめて，そのような変化に対応できると考えられる。こうした行動ができる人を1人でも増やすという点で，リーダーシップ教育は社会的に大きな意義があると考えられる。

# 3　今後のリーダーシップ教育

今後のリーダーシップ教育の展望について，研究面，実践面のそれぞれについて検討する。

## 3.1　研究面での展望

最初に研究面について検討する。これまで日本の大学におけるリーダーシップ教育は，実践ベースで発展してきており，理論的な枠組みの整理などはおこなわれてこなかった。本書では，リーダーシップ研究とリーダーシップ開発（教育），さらに企業と大学（教育機関）という文脈を乗り越え，新たな枠組みを示すことができた。しかし，リーダーシップ教育に関する研究はまだはじまったばかりであり，今後より研究の枠組みを洗練させていく必要がある。以下では，今

後の研究面での展望を3つの視点から述べる。

1つ目は，本書で示したリーダーシップ教育の枠組みの「要素」についての検討である。本書では，大学におけるリーダーシップ教育を念頭に，4つの要素を効果的なリーダーシップを発揮するための要素として提示した。そして，この枠組みを持った実践が効果を上げていることが示されたことから，一定の成果を上げることができたと考えられる。

しかし，企業・大学双方の事例の分析から，新たに「他者の理解・育成」という視点の重要性が浮き彫りとなった。たとえば，企業の事例では，多様なメンバーとともにグループワークをおこなうことで「多様性の対処」を学んでいた。また，実際にリーダーとして権限を持って振る舞う際には，自分の成長だけでなく，「他者の育成」が重要になる。このように，効果的なリーダーシップを発揮するうえで，「他者の理解・育成」は重要な概念であり，今後リーダーシップ教育の枠組みを整理するうえで検討するべきものだと考えられる（図7-1）。

2つ目は，リーダーシップ教育をおこなう側のリーダーシップに関する視点のモデル化である。本書では，リーダーシップ教育におけるプログラム面での設計だけでなく，授業運営をする組織をどのように開発するかという点についても述べてきた。第3章で示した通り，リーダーシップ教育は，「受講生のリーダーシップ教育」と，「教え手のリーダーシップ教育」の2つが同時に進行しており，ある種のメタ構造を持っている。つまり，「受講生（個人）を対象にしたリーダーシップ教育」と「授業運営（組織）を対象にしたリーダーシップ教育」は切り離すことができない。このように「個人と組織を同時に開発する」とい

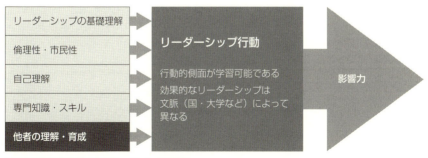

図7-1 本章の分析を踏まえたリーダーシップの概念

図7-2 リーダーシップ教育の三層モデル

う視点に基づいたモデルが重要になる。本書では，あらたにその枠組みを整理し，**図7-2**に示した。

**図7-2**で示したとおり，リーダーシップ教育のデザインはプログラム面だけにとどまらない。プログラムの設計を通して，教え手のチームレベルでのリーダーシップの発揮・育成を目指し，それが結果的に，組織レベルを開発することにつながる。こうした個人・組織の両方を包含したモデルを検討する理由は，より本質的なリーダーシップ教育を考えるうえで，両者は外すことのできない視点だからである。たとえば，ヤックル（Yukl 2013）はリーダーシップ開発および，リーダーシップの発揮を促進する要素として「上司（リーダーシップについて理解があるかどうか）」や「組織風土」の重要性をあげている。これはつまり，いかに優れたリーダーシップ教育のプログラムがあっても，それを推奨するような組織の風土を持っていなければ，効果的なリーダーシップ行動の育成および発揮につながらないことを示している。

これは「研修転移」研究においても同様の点が指摘されている。「研修転移」

とは「研修の現場で学んだことが，仕事の現場で一般化され役立てられ，かつその効果が持続されること」である（中原 2014）。ボールドウィンとフォード（Baldwin & Ford 1988）は研修が転移するために必要な要素とプロセスについてモデル化している。この研究では，研修転移を促す要素として「研修のデザイン」だけでなく，「仕事環境」（支援と使用機会）をあげている。つまり，いかに優れた研修を設計しても，仕事環境が研修の意義を理解したり，学ぶことを支援したりする環境であり，実際にそこで学んだことを使用する機会がなければ転移を促せないのである。

　以上示した通り，リーダーシップ教育では，プログラムの設計だけでなく，組織開発の視点が重要になる。リーダーシップ教育が，結果的に組織開発と関連するということは，その理論系をたどれば不思議なことではない。本書で紹介した経験学習のデューイや，Tグループ創始者であるレヴィン，サーベイフィードバックのリッカートなどは，リーダーシップ研究の源流であり，組織開発研究の源流である。つまり，元々両者は同根なのである。本書では，組織開発に関する研究群との理論的な接続について詳しく述べていない。しかし，今後リーダーシップ教育を研究的に発展させていくためには，両者の理論を接合し，新たなリーダーシップ教育の枠組みを示すことが重要だと考えられる。

　3つ目は，今後の実証研究の方向性についてである。今回は主に，授業前後でのリーダーシップ行動の比較をおこなったが，その具体的な要因の検討までは詳細におこなえていない。どのような設計が，どのような効果につながるのかといったより詳細な研究が必要になると考えられる。これによって，リーダーシップ教育に効果的な設計要素が明らかになるからである。また，先ほど述べたとおり，リーダーシップ教育の効果については，プログラム面だけでなく，組織面の要素も重要である。このように，組織の視点と，リーダーシップ教育の成果について検討するといった分析も今後必要になると考えられる。

　もう1つの視点として，今後はトランジション研究の視点からの研究が重要になると考えられる。たとえば，「高校でリーダーシップ教育を受けてきた学生は，大学でどのようなふるまいをするのか」，さらに「入社後にその経験は生きるのか」などについては，現時点では実証的なデータが得られていない。本書で示した通り，企業と大学におけるリーダーシップ教育の構造は類似しており，

大学時代の経験が入社後の行動にどのようにつながるのかは，研究的にも実践的にも意義のある問いである。また，高校での経験が大学にどのようにつながるかについても同様に意義ある問いだと考えられる。このように，リーダーシップ教育をトランジション研究の枠組みで捉えることで，さらなる研究の地平が開けると考えられる。

## 3.2 実践面での展望

　次に実践面について検討する。本書の知見が実践にどのような影響を与え，今後リーダーシップ教育がどのように展開していくのかについての展望を述べる。本書で示したように，リーダーシップ教育の枠組みが整理され，その効果が検証されることで，大学でのリーダーシップ教育は，企業からより一層注目を集めることが予想される。これにより，企業では，企業内でリーダーシップ開発の研修をおこなうというアプローチだけでなく，リーダーシップ教育を受けてきた学生をどのように組織で活用するかというアプローチが一層必要になると考えられる。前述した通り，リーダーシップが発揮されるかどうかは，個人やプログラムの要因だけでなく，組織の要因も大きいことが示されている。大学でリーダーシップ教育を受けてきたにもかかわらず，リーダーシップが発揮できない場合には，個人要因だけでなく，組織要因も検討する必要が同時にでてくる。「優秀な個人をいかに採用するか」という視点にとどまるのではなく，その個人が活躍できるための，より本質的な組織の変革を求められる可能性がある。

　リーダーシップ教育が企業から注目されることで，今後大学・高校の中でリーダーシップ教育が広がっていく可能性がある。新たな実践をおこなううえで，本書の枠組みは，プログラム・組織両方の設計において活用できるものである。現在では，経営やビジネスなどと関連してリーダーシップ教育がおこなわれているが，今後は領域に関係なく広がっていく可能性があるだろう。また，高校では教科教育など，内容面ともリンクしたリーダーシップ教育につながっていく可能性が考えられる。

第7章　総括と今後の課題

　また，大規模にリーダーシップ教育を導入することになれば，より組織開発の視点が重要になる。前述した通り，効果的なリーダーシップ教育をおこなうためには，組織全体がリーダーシップの重要性を理解している必要がある。また，組織を運営するうえでもリーダーシップを発揮する機会があることが望ましい。このように，プログラムと組織が一体となった環境をつくることで，リーダーシップ教育がより本質的な効果を持つと考えられる。

　このようにリーダーシップ教育が高校からおこなわれ，学ぶための裾野が広がれば，リーダーシップ教育はより高度化していくことになる。「リーダーシップの基礎理解」などを終えている学生に対して，「自己理解」「倫理性・市民性」「専門知識・スキル」などをさらに高める必要性や，さらなる別の要素（たとえば「他者の理解・育成」）などの視点が必要になる可能性がある。いずれにせよ，現在のリーダーシップ教育をそのままおこなうのではなく，さらに進化させていく必要があるのは言うまでもない。

　そのためには，リーダーシップ教育をおこなう担い手の育成が欠かせない。現在は，リーダーシップ教育の担い手を育てるための教育機関が確立しているとは言えない状況にある。リーダーシップに関する理論的な背景について理解し，教育や組織開発に関する理論を知ったうえで，具体的なプログラムや組織を開発することのできる人材は日本国内にそう多くない。しかし，本書で述べたとおり，こうした人材は企業・大学・高校すべてにおいて重要である。それぞれのセクションを超えた人たちが集まり，相互に議論をかわしながら，リーダーシップ教育をおこなう担い手が増えれば，我が国の人材育成は大きく変わる。今後はこうした機関の創設も視野に入れて実践をおこなっていきたい。


# 4　まとめ

　本章は，本書の概観を総括し，今後のリーダーシップ教育の研究・実践双方における展望を示した。リーダーシップ教育に関する研究はまだ始まったばか

りであるが，今後さらに広がりのある分野だと考えられる。個人・組織を包括したモデルを検討し，実証的な研究を積み重ねていくことで，これまでの研究領域を横断した，大きな研究領域となる可能性がある。また，リーダーシップ教育の実践は，今後さらに広がっていくと考えられる。実践が広がっていくことで，今後よりリーダーシップ教育の担い手が必要になると考えられるが，現在はまだそういった人材を育成するための土台がつくれていない。本書はそのための第一歩であると考えられる。

　リーダーシップ教育は，既存の研究領域や，高校・大学・企業といったセクションを超える大きな可能性を持つ分野である。本書の著者陣も，さまざまな分野の専門家が，相互にリーダーシップを発揮することで完成したものである。今後も，我々自身がリーダーシップを発揮することで，社会に貢献できる研究分野へと育てていきたいと考えている。

### 参考文献

Baldwin, T. T. & Ford, J. K.（1998）Transfer of training: A review and directions for future research. *Personnel Psychology*. Vol.41 pp.63-105.
中原淳（2014）研修開発入門：会社で教える、競争優位をつくる. ダイヤモンド社.
舘野泰一・中原淳（2016）アクティブトランジション：働くためのウォーミングアップ. 三省堂.
Yukl, G.（2013）*Leadership in organizations global edition*. Pearson Education Limited.

# あとがき

舘野泰一

　リーダーシップ教育に関する研究書を執筆するという経験は，まさに私にとってリーダーシップの発揮が求められる「新奇で困難な課題」であった。企業と教育機関（大学・高校）という断絶を超え，さらに，リーダーシップ研究とリーダーシップ開発（教育）研究の断絶を超えて，今後の新たなビジョンをつくり，共有すること，それこそが本書のミッションであった。

　本書で述べた通り，リーダーシップ教育は大学のみならず，高校，そして企業を巻き込んだ非常に大きなうねりの中にある。企業の環境変化が教育機関に影響を与えている一方，教育機関の変化が企業のあり方に影響を与えることが起こりえる。たとえば，高校が変われば，大学におけるリーダーシップ教育はより高度化の道に進む。そして，効果的なリーダーシップを発揮できる人が増えれば，企業におけるリーダーシップ開発のあり方だけでなく，組織のあり方そのものが変化する可能性がある。

　大学は，高校・企業のあいだに位置づく重要な役割を担っている。双方からの大きなうねりに対して，大学がどのようにかかわるのかが，いままさに求められている。そのうねりは混乱を引き起こすかもしれないが，高校・大学・企業それぞれの力が重なったときに大きな変化を生み出す潜在的な力を持っていると考えられる。

　企業や教育機関というくくりを超えて，リーダーシップ教育に注目が集まるのは，社会がそれだけリーダーシップを必要としているからではないか。世の中の変化のスピードが高まり，より多様性が高まっている社会に対して，どのように立ち向かい，新たな希望をつくりだしていくのか。日本社会全体がこうした問題に直面していると考えられる。この問題に立ち向かうためには「1人のカリスマ的リーダー」の出現を待つだけでは不十分である。ましてやすべて

を解決してくれる「自分以外のだれか」がでてくるまで現状を批判するというやり方では変化を生むことはできない。そうではなく，「一人ひとりがリーダーシップを発揮して，問題に立ち向かうこと」がいま求められているのではないか。こうした，一人ひとりが「倫理性・市民性」を持ち，リーダーシップを発揮して社会とかかわることに対して，本書が少しでも貢献できれば幸いである。

　本書は，新たなリーダーシップ教育の地平を切り開くために，さまざまな専門性を持つ著者陣が協力して執筆をおこなった。それぞれの領域や立場も違う中で，ひとつのミッションを達成するためには，まさに権限や役職にとらわれないリーダーシップの発揮が求められた。私は著者陣のなかで最も年齢が若く，実績のない中で，編者というリーダーを務めることとなった。最初は不安も大きかったが，それは杞憂であった。諸先輩方が，役職やこれまでの実績にかかわらず，目の前のミッションに対して，それぞれの専門性を発揮して貢献する姿は本書の内容を体現するようなものだった。本書で示したビジョンはまだまだ荒削りかもしれないが，リーダーシップ教育という新たな研究の地平を切り開く第一歩を踏み出せたのではないのかと考えている。

　そして，それができたのは，著者陣だけでなく，多くの方々のご支援によるものである。このプロジェクトに携わってくださった関係者の方々に感謝申し上げたい。また，本書においては，立教大学のみなさまには多大なる支援をいただいた。立教大学でリーダーシップ教育を立ち上げたみなさま，そして，それらを日々支えてくださっている教職員のみなさま，学生スタッフに心より感謝申し上げる。特にBLP事務局の加藤走さん，山口牧さん，市川智子さん，GLPの稲垣憲治さん，島田信孝さん，リサーチアシスタントの木村充さん，松井彩子さんには本書の執筆を支えていただき感謝する。また，本書の編集を担当して下さった小河原裕一さん，デザイナーの松永大輔さんには多大なサポートをいただき心から感謝している。

　数年前にまさか自分がリーダーシップ教育についての書籍を出版するとは想像もしていなかった。しかし，実は私自身にとってリーダーシップは子どもの頃から関心を持っていた大切なテーマである。学級委員や野球部のキャプテンなどを任されながらも，なかなかチームをひとつにできなかった少し苦い経験と，みんなで力を合わせてものごとが達成できたときの素晴らしい経験の両方

が，私のリーダーシップの原点である。このテーマとの出会いをくださったみなさまに感謝しながら，リーダーシップ教育にかかわるすべての人たちにさらなる貢献ができるよう，これからもリーダーシップ教育に関する研究・実践をつづけていきたい。

2018年5月1日

編著者代表　舘野泰一

## プロフィール

**舘野泰一**（たての よしかず）...............編著者

立教大学経営学部特任准教授。BLP ウェルカムキャンプ設計担当，BL0コースリーダー。青山学院大学文学部教育学科卒。東京大学大学院学際情報学府修士課程・博士課程修了。博士（学際情報学）。大学と企業を架橋した人材育成に関する研究をおこなっている。具体的な研究として，リーダーシップ教育，大学と企業のトランジション調査など。著書は『アクティブトランジション 働くためのウォーミングアップ』（三省堂）（共編著），『人材開発研究大全』（東京大学出版会）（分担執筆）など。

**高橋俊之**（たかはし としゆき）............編著者

立教大学経営学部客員教授。BL1・BL3-C コースリーダー。淑徳与野中学・高等学校教育顧問。一橋大学法学部卒。ミシガン大学経営学修士（MBA）。株式会社グロービスにて執行役員，マネジメント・スクール統括責任者等を務めた後，SCHOOL OF 未来図を立ち上げ，論理思考教育，リーダーシップ教育やプロジェクト支援を行う。著書は『やりたいことを実現する実践論理思考』（東洋経済新報社），『ビジネスリーダーへのキャリアを考える技術・つくる技術』（東洋経済新報社）（編共著）など。

**石川 淳**（いしかわ じゅん）

立教大学経営学部教授。立教大学リーダーシップ研究所所長。慶應義塾大学法学部卒。慶應義塾大学大学院経営管理研究科修士課程・博士課程修了。博士（経営学）。専門は組織行動論で，リーダーシップ，モチベーション，チームと創造性がメインテーマ。主要著作に『シェアド・リーダーシップ：チーム全員の影響力』（中央経済社）（単著），『善き経営：GBIの実践と理論』（丸善雄松堂）（分担執筆）など。2014年には変革型リーダーシップに関する研究が，Pan-Pacific Business Conference XXXI Outstanding Paper Award受賞。

**日向野幹也**（ひがの みきなり）

早稲田大学大学総合研究センター教授。経済学博士（東京大学）。経済学から転じて，2006年立教大学経営学部BLP，13年立教大学GLP，16年早稲田大学LDP，と連続して3つのリーダーシップ教育プログラムをゼロから立ち上げて発展させ，現在も全国の大学や高校のリーダーシップ・プログラム立ち上げを支援中。著書は『大学教育アントレプレナーシップ』（初版2013年ナカニシヤ出版，増補版2017年Bookway）など。

中原 淳 (なかはら じゅん).................. 監修者

立教大学経営学部教授。BLP主査。博士（人間科学）。北海道旭川市生まれ。東京大学教育学部卒業，大阪大学大学院人間科学研究科，メディア教育開発センター（現・放送大学），米国・MIT客員研究員，東京大学講師・准教授等をへて，2018年より現職。企業・組織における人材開発・組織開発について研究している。単著（専門書）に『職場学習論』（東京大学出版会），『経営学習論』（東京大学出版会）。研究の詳細は，Blog：NAKAHARA-LAB.NET（http://www.nakahara-lab.net/）。Twitter ID：nakaharajun

# リーダーシップ教育のフロンティア【研究編】
高校生・大学生・社会人を成長させる「全員発揮のリーダーシップ」

2018年6月20日　初版第1刷発行　　　　　　　　定価はカバーに表示してあります。
2019年7月20日　初版第2刷発行

監修者　　中原 淳

編著者　　舘野泰一

　　　　　高橋俊之

発行所　　（株）北大路書房
　　　　　〒603-8303　京都市北区紫野十二坊町12-8
　　　　　電話 075-431-0361（代）　FAX 075-431-9393　振替 01050-4-2083

編集　　　小河原裕一
組版　　　松永大輔

印刷・製本　亜細亜印刷（株）

ISBN 978-4-7628-3022-8　Printed in Japan　ⓒ2018
検印省略　落丁・乱丁本はお取り替えいたします

JCOPY 〈(社)出版者著作権管理機構 委託出版物〉
本書の無断複写は著作権法上での例外を除き禁じられています。複写される場合は，そのつど事前に，
(社)出版者著作権管理機構（電話 03-5244-5088, FAX 03-5244-5089, email：info@jcopy.or.jp）の許諾
を得てください。